# NOORS

## WOORDENSCHAT

**THEMATISCHE WOORDENLIJST**

# NEDERLANDS
# NOORS

De meest bruikbare woorden
Om uw woordenschat uit te breiden en
uw taalvaardigheid aan te scherpen

## 5000 woorden

# Thematische woordenschat Nederlands-Noors - 5000 woorden

Door Andrey Taranov

Woordenlijsten van T&P Books zijn bedoeld om u woorden van een vreemde taal te helpen leren, onthouden, en bestudering. Dit woordenboek is ingedeeld in thema's en behandelt alle belangrijk terreinen van het dagelijkse leven, bedrijven, wetenschap, cultuur, etc.

Het proces van het leren van woorden met behulp van de op thema's gebaseerde aanpak van T&P Books biedt u de volgende voordelen:

- Correct gegroepeerde informatie is bepalend voor succes bij opeenvolgende stadia van het leren van woorden
- De beschikbaarheid van woorden die van dezelfde stam zijn maakt het mogelijk om woordgroepen te onthouden (in plaats van losse woorden)
- Kleine groepen van woorden faciliteren het proces van het aanmaken van associatieve verbindingen, die nodig zijn bij het consolideren van de woordenschat
- Het niveau van talenkennis kan worden ingeschat door het aantal geleerde woorden

T&P Books Publishing
www.tpbooks.com

ISBN: 978-1-78492-351-8

Dit boek is ook beschikbaar in e-boek formaat.
Gelieve www.tpbooks.com te bezoeken of de belangrijkste online boekwinkels.

# NOORSE WOORDENSCHAT
## nieuwe woorden leren

T&P Books woordenlijsten zijn bedoeld om u te helpen vreemde woorden te leren, te onthouden, en te bestuderen. De woordenschat bevat meer dan 5000 veel gebruikte woorden die thematisch geordend zijn.

* De woordenlijst bevat de meest gebruikte woorden
* Aanbevolen als aanvulling bij welke taalcursus dan ook
* Voldoet aan de behoeften van de beginnende en gevorderde student in vreemde talen
* Geschikt voor dagelijks gebruik, bestudering en zelftestactiviteiten
* Maakt het mogelijk om uw woordenschat te evalueren

### Bijzondere kenmerken van de woordenschat

* De woorden zijn gerangschikt naar hun betekenis, niet volgens alfabet
* De woorden worden weergegeven in drie kolommen om bestudering en zelftesten te vergemakkelijken
* Woorden in groepen worden verdeeld in kleine blokken om het leerproces te vergemakkelijken
* De woordenschat biedt een handige en eenvoudige beschrijving van elk buitenlands woord

### De woordenschat bevat 155 onderwerpen zoals:

Basisconcepten, getallen, kleuren, maanden, seizoenen, meeteenheden, kleding en accessoires, eten & voeding, restaurant, familieleden, verwanten, karakter, gevoelens, emoties, ziekten, stad, dorp, bezienswaardigheden, winkelen, geld, huis, thuis, kantoor, werken op kantoor, import & export, marketing, werk zoeken, sport, onderwijs, computer, internet, gereedschap, natuur, landen, nationaliteiten en meer ...

# INHOUDSOPGAVE

**Uitspraakgids** 9
**Afkortingen** 11

**BASISBEGRIPPEN** 13
**Basisbegrippen Deel 1** 13

1. Voornaamwoorden 13
2. Begroetingen. Begroetingen. Afscheid 13
3. Hoe aan te spreken 14
4. Kardinale getallen. Deel 1 14
5. Kardinale getallen. Deel 2 15
6. Ordinale getallen 16
7. Getallen. Breuken 16
8. Getallen. Eenvoudige berekeningen 16
9. Getallen. Diversen 16
10. De belangrijkste werkwoorden. Deel 1 17
11. De belangrijkste werkwoorden. Deel 2 18
12. De belangrijkste werkwoorden. Deel 3 19
13. De belangrijkste werkwoorden. Deel 4 20
14. Kleuren 21
15. Vragen 21
16. Voorzetsels 22
17. Functiewoorden. Bijwoorden. Deel 1 22
18. Functiewoorden. Bijwoorden. Deel 2 24

**Basisbegrippen Deel 2** 26

19. Dagen van de week 26
20. Uren. Dag en nacht 26
21. Maanden. Seizoenen 27
22. Meeteenheden 29
23. Containers 30

**MENS** 31
**Mens. Het lichaam** 31

24. Hoofd 31
25. Menselijk lichaam 32

**Kleding en accessoires** 33

26. Bovenkleding. Jassen 33
27. Heren & dames kleding 33

28. Kleding. Ondergoed 34
29. Hoofddeksels 34
30. Schoeisel 34
31. Persoonlijke accessoires 35
32. Kleding. Diversen 35
33. Persoonlijke verzorging. Schoonheidsmiddelen 36
34. Horloges. Klokken 37

Voedsel. Voeding 38

35. Voedsel 38
36. Drankjes 39
37. Groenten 40
38. Vruchten. Noten 41
39. Brood. Snoep 42
40. Bereide gerechten 42
41. Kruiden 43
42. Maaltijden 44
43. Tafelschikking 45
44. Restaurant 45

Familie, verwanten en vrienden 46

45. Persoonlijke informatie. Formulieren 46
46. Familieleden. Verwanten 46

Geneeskunde 48

47. Ziekten 48
48. Symptomen. Behandelingen. Deel 1 49
49. Symptomen. Behandelingen. Deel 2 50
50. Symptomen. Behandelingen. Deel 3 51
51. Artsen 52
52. Geneeskunde. Medicijnen. Accessoires 52

HET MENSELIJKE LEEFGEBIED 54
Stad 54

53. Stad. Het leven in de stad 54
54. Stedelijke instellingen 55
55. Borden 56
56. Stedelijk vervoer 57
57. Bezienswaardigheden 58
58. Winkelen 59
59. Geld 60
60. Post. Postkantoor 61

Woning. Huis. Thuis 62

61. Huis. Elektriciteit 62

| | | |
|---|---|---|
| 62. | Villa. Herenhuis | 62 |
| 63. | Appartement | 62 |
| 64. | Meubels. Interieur | 63 |
| 65. | Beddengoed | 64 |
| 66. | Keuken | 64 |
| 67. | Badkamer | 65 |
| 68. | Huishoudelijke apparaten | 66 |

**MENSELIJKE ACTIVITEITEN** 67
**Baan. Business. Deel 1** 67

| | | |
|---|---|---|
| 69. | Kantoor. Op kantoor werken | 67 |
| 70. | Bedrijfsprocessen. Deel 1 | 68 |
| 71. | Bedrijfsprocessen. Deel 2 | 69 |
| 72. | Productie. Werken | 70 |
| 73. | Contract. Overeenstemming | 71 |
| 74. | Import & Export | 72 |
| 75. | Financiën | 72 |
| 76. | Marketing | 73 |
| 77. | Reclame | 74 |
| 78. | Bankieren | 74 |
| 79. | Telefoon. Telefoongesprek | 75 |
| 80. | Mobiele telefoon | 76 |
| 81. | Schrijfbehoeften | 76 |
| 82. | Soorten bedrijven | 76 |

**Baan. Business. Deel 2** 79

| | | |
|---|---|---|
| 83. | Show. Tentoonstelling | 79 |
| 84. | Wetenschap. Onderzoek. Wetenschappers | 80 |

**Beroepen en ambachten** 82

| | | |
|---|---|---|
| 85. | Zoeken naar werk. Ontslag | 82 |
| 86. | Zakenmensen | 82 |
| 87. | Dienstverlenende beroepen | 83 |
| 88. | Militaire beroepen en rangen | 84 |
| 89. | Ambtenaren. Priesters | 85 |
| 90. | Agrarische beroepen | 85 |
| 91. | Kunst beroepen | 86 |
| 92. | Verschillende beroepen | 86 |
| 93. | Beroepen. Sociale status | 88 |

**Onderwijs** 89

| | | |
|---|---|---|
| 94. | School | 89 |
| 95. | Hogeschool. Universiteit | 90 |
| 96. | Wetenschappen. Disciplines | 91 |
| 97. | Schrift. Spelling | 91 |
| 98. | Vreemde talen | 92 |

Rusten. Entertainment. Reizen                                     94

99.   Trip. Reizen                                                94
100.  Hotel                                                       94


TECHNISCHE APPARATUUR. VERVOER                                    96
Technische apparatuur                                             96

101.  Computer                                                    96
102.  Internet. E-mail                                            97
103.  Elektriciteit                                               98
104.  Gereedschappen                                              98


Vervoer                                                          101

105.  Vliegtuig                                                  101
106.  Trein                                                      102
107.  Schip                                                      103
108.  Vliegveld                                                  104


Gebeurtenissen in het leven                                      106

109.  Vakanties. Evenement                                       106
110.  Begrafenissen. Begrafenis                                  107
111.  Oorlog. Soldaten                                           107
112.  Oorlog. Militaire acties. Deel 1                           108
113.  Oorlog. Militaire acties. Deel 2                           110
114.  Wapens                                                     111
115.  Oude mensen                                                113
116.  Middeleeuwen                                               114
117.  Leider. Baas. Autoriteiten                                 115
118.  De wet overtreden. Criminelen. Deel 1                      116
119.  De wet overtreden. Criminelen. Deel 2                      117
120.  Politie. Wet. Deel 1                                       118
121.  Politie. Wet. Deel 2                                       119


NATUUR                                                           121
De Aarde. Deel 1                                                 121

122.  De kosmische ruimte                                        121
123.  De Aarde                                                   122
124.  Windrichtingen                                             123
125.  Zee. Oceaan                                                123
126.  Namen van zeeën en oceanen                                 124
127.  Bergen                                                     125
128.  Bergen namen                                               126
129.  Rivieren                                                   126
130.  Namen van rivieren                                         127
131.  Bos                                                        127
132.  Natuurlijke hulpbronnen                                    128

**De Aarde. Deel 2**     130

133. Weer     130
134. Zwaar weer. Natuurrampen     131


**Fauna**     132

135. Zoogdieren. Roofdieren     132
136. Wilde dieren     132
137. Huisdieren     133
138. Vogels     134
139. Vis. Zeedieren     136
140. Amfibieën. Reptielen     136
141. Insecten     137


**Flora**     138

142. Bomen     138
143. Heesters     138
144. Vruchten. Bessen     139
145. Bloemen. Planten     140
146. Granen, graankorrels     141


**LANDEN. NATIONALITEITEN**     142

147. West-Europa     142
148. Centraal- en Oost-Europa     142
149. Voormalige USSR landen     143
150. Azië     143
151. Noord-Amerika     144
152. Midden- en Zuid-Amerika     144
153. Afrika     145
154. Australië. Oceanië     145
155. Steden     145

# UITSPRAAKGIDS

| Letter | Noors voorbeeld | T&P fonetisch alfabet | Nederlands voorbeeld |
|---|---|---|---|
| Aa | plass | [ɑ], [ɑ:] | acht |
| Bb | bøtte, albue | [b] | hebben |
| Cc [1] | centimeter | [s] | spreken, kosten |
| Cc [2] | Canada | [k] | kennen, kleur |
| Dd | radius | [d] | Dank u, honderd |
| Ee | rett | [e:] | twee, ongeveer |
| Ee [3] | begå | [ɛ] | elf, zwembad |
| Ff | fattig | [f] | feestdag, informeren |
| Gg [4] | golf | [g] | goal, tango |
| Gg [5] | gyllen | [j] | New York, januari |
| Gg [6] | regnbue | [ŋ] | optelling, jongeman |
| Hh | hektar | [h] | hitte, hypnose |
| Ii | kilometer | [ɪ], [i] | iemand, bidden |
| Kk | konge | [k] | kennen, kleur |
| Kk [7] | kirke | [ɦ] | hitte, hypnose |
| Jj | fjerde | [j] | New York, januari |
| kj | bikkje | [ɦ] | hitte, hypnose |
| Ll | halvår | [l] | delen, luchter |
| Mm | middag | [m] | morgen, etmaal |
| Nn | november | [n] | nemen, zonder |
| ng | id_langt | [ŋ] | optelling, jongeman |
| Oo [8] | honning | [ɔ] | aankomst, bot |
| Oo [9] | fot, krone | [u] | hoed, doe |
| Pp | plomme | [p] | parallel, koper |
| Qq | sequoia | [k] | kennen, kleur |
| Rr | sverge | [r] | roepen, breken |
| Ss | appelsin | [s] | spreken, kosten |
| sk [10] | skikk, skyte | [ʃ] | shampoo, machine |
| Tt | stør, torsk | [t] | tomaat, taart |
| Uu | brudd | [y] | fuut, uur |
| Vv | kraftverk | [v] | beloven, schrijven |
| Ww | webside | [v] | beloven, schrijven |
| Xx | mexicaner | [ks] | links, maximaal |
| Yy | nytte | [ɪ], [i] | iemand, bidden |
| Zz [11] | New Zealand | [s] | souperen, rechts |
| Ææ | vær, stær | [æ] | Nederlands Nedersaksisch - dät, Engels - cat |
| Øø | ørn, gjø | [ø] | neus, beu |
| Åå | gås, værhår | [o:] | rood, knoop |

# Opmerkingen

[1] voor **e, i**
[2] elders
[3] onbeklemtoond
[4] voor **a, o, u, å**
[5] voor **i** en **y**
[6] in combinatie **gn**
[7] voor **i** en **y**
[8] voor twee medeklinkers
[9] voor een medeklinker
[10] voor **i** en **y**
[11] alleen in leenwoorden

# AFKORTINGEN
## gebruikt in de woordenschat

## Nederlandse afkortingen

| | | |
|---|---|---|
| abn | - | als bijvoeglijk naamwoord |
| bijv. | - | bijvoorbeeld |
| bn | - | bijvoeglijk naamwoord |
| bw | - | bijwoord |
| enk. | - | enkelvoud |
| enz. | - | enzovoort |
| form. | - | formele taal |
| inform. | - | informele taal |
| mann. | - | mannelijk |
| mil. | - | militair |
| mv. | - | meervoud |
| on.ww. | - | onovergankelijk werkwoord |
| ontelb. | - | ontelbaar |
| ov. | - | over |
| ov.ww. | - | overgankelijk werkwoord |
| telb. | - | telbaar |
| vn | - | voornaamwoord |
| vrouw. | - | vrouwelijk |
| vw | - | voegwoord |
| vz | - | voorzetsel |
| wisk. | - | wiskunde |
| ww | - | werkwoord |

## Nederlandse artikelen

| | | |
|---|---|---|
| de | - | gemeenschappelijk geslacht |
| de/het | - | gemeenschappelijk geslacht, onzijdig |
| het | - | onzijdig |

## Noorse afkortingen

| | | |
|---|---|---|
| f | - | vrouwelijk zelfstandig naamwoord |
| f pl | - | vrouwelijk meervoud |
| m | - | mannelijk zelfstandig naamwoord |
| m pl | - | mannelijk meervoud |
| m/f | - | mannelijk, onzijdig |

| | | |
|---|---|---|
| **m/f pl** | - | mannelijk/vrouwelijk meervoud |
| **m/f/n** | - | mannelijk/vrouwelijk/onzijdig |
| **m/n** | - | mannelijk, vrouwelijk |
| **n** | - | onzijdig |
| **n pl** | - | onzijdig meervoud |
| **pl** | - | meervoud |

# BASISBEGRIPPEN

## Basisbegrippen Deel 1

### 1. Voornaamwoorden

| | | |
|---|---|---|
| ik | jeg | ['jæj] |
| jij, je | du | [dʉ] |
| | | |
| hij | han | ['hɑn] |
| zij, ze | hun | ['hʉn] |
| het | det, den | ['de], ['den] |
| | | |
| wij, we | vi | ['vi] |
| jullie | dere | ['derə] |
| zij, ze | de | ['de] |

### 2. Begroetingen. Begroetingen. Afscheid

| | | |
|---|---|---|
| Hallo! Dag! | Hei! | ['hæj] |
| Hallo! | Hallo! God dag! | [hɑ'lʊ], [gʊ 'dɑ] |
| Goedemorgen! | God morn! | [gʊ 'mɔːn̩] |
| Goedemiddag! | God dag! | [gʊ'dɑ] |
| Goedenavond! | God kveld! | [gʊ 'kvɛl] |
| | | |
| gedag zeggen (groeten) | å hilse | [ɔ 'hilsə] |
| Hoi! | Hei! | ['hæj] |
| groeten (het) | hilsen (m) | ['hilsən] |
| verwelkomen (ww) | å hilse | [ɔ 'hilsə] |
| Hoe gaat het met u? | Hvordan står det til? | ['vʊːdɑn stoːr de til] |
| Hoe is het? | Hvordan går det? | ['vʊːdɑn gor de] |
| Is er nog nieuws? | Hva nytt? | [va 'nʏt] |
| | | |
| Tot ziens! (form.) | Ha det bra! | [hɑ de 'brɑ] |
| Doei! | Ha det! | [hɑ 'de] |
| Tot snel! Tot ziens! | Vi ses! | [vi sɛs] |
| Vaarwel! | Farvel! | [fɑr'vɛl] |
| afscheid nemen (ww) | å si farvel | [ɔ 'si fɑr'vɛl] |
| Tot kijk! | Ha det! | [hɑ 'de] |
| | | |
| Dank u! | Takk! | ['tɑk] |
| Dank u wel! | Tusen takk! | ['tʉsən tɑk] |
| Graag gedaan | Bare hyggelig | ['bɑrə 'hʏgeli] |
| Geen dank! | Ikke noe å takke for! | ['ikə 'nʊə ɔ 'takə fɔr] |
| Geen moeite. | Ingen årsak! | ['iŋən 'oːʂɑk] |
| Excuseer me, ... (inform.) | Unnskyld, ... | ['ʉn̩ʂyl ...] |
| Excuseer me, ... (form.) | Unnskyld meg, ... | ['ʉn̩ʂyl me ...] |

| excuseren (verontschuldigen) | å unnskylde | [ɔ 'ʉnˌʂylə] |
| zich verontschuldigen | å unnskylde seg | [ɔ 'ʉnˌʂylə sæj] |
| Mijn excuses. | Jeg ber om unnskyldning | [jæj ber ɔm 'ʉnˌʂyldniŋ] |
| Het spijt me! | Unnskyld! | ['ʉnˌʂyl] |
| vergeven (ww) | å tilgi | [ɔ 'tilˌji] |
| Maakt niet uit! | Ikke noe problem | ['ikə 'nʉe prʉ'blem] |
| alsjeblieft | vær så snill | ['vær ʂɔ 'snil] |
| | | |
| Vergeet het niet! | Ikke glem! | ['ikə 'glem] |
| Natuurlijk! | Selvfølgelig! | [sɛl'følgəli] |
| Natuurlijk niet! | Selvfølgelig ikke! | [sɛl'følgəli 'ikə] |
| Akkoord! | OK! Enig! | [ɔ'kɛj], ['ɛni] |
| Zo is het genoeg! | Det er nok! | [de ær 'nɔk] |

## 3. Hoe aan te spreken

| Excuseer me, ... | Unnskyld, ... | ['ʉnˌʂyl ...] |
| meneer | Herr | ['hær] |
| mevrouw | Fru | ['frʉ] |
| juffrouw | Frøken | ['frøkən] |
| jongeman | unge mann | ['ʉŋə ˌman] |
| jongen | guttunge | ['gʉtˌʉŋə] |
| meisje | frøken | ['frøkən] |

## 4. Kardinale getallen. Deel 1

| nul | null | ['nʉl] |
| een | en | ['en] |
| twee | to | ['tʊ] |
| drie | tre | ['tre] |
| vier | fire | ['fire] |
| vijf | fem | ['fɛm] |
| zes | seks | ['sɛks] |
| zeven | sju | ['ʂʉ] |
| acht | åtte | ['ɔtə] |
| negen | ni | ['ni] |
| tien | ti | ['ti] |
| elf | elleve | ['ɛlvə] |
| twaalf | tolv | ['tɔl] |
| dertien | tretten | ['trɛtən] |
| veertien | fjorten | ['fjɔːʈən] |
| vijftien | femten | ['fɛmtən] |
| zestien | seksten | ['sæjstən] |
| zeventien | sytten | ['sʏtən] |
| achttien | atten | ['atən] |
| negentien | nitten | ['nitən] |
| twintig | tjue | ['çʉe] |
| eenentwintig | tjueen | ['çʉe en] |

| tweeëntwintig | tjueto | ['çʉe tʉ] |
| drieëntwintig | tjuetre | ['çʉe tre] |

| dertig | tretti | ['trɛti] |
| eenendertig | trettien | ['trɛti en] |
| tweeëndertig | trettito | ['trɛti tʉ] |
| drieëndertig | trettitre | ['trɛti tre] |

| veertig | førti | ['fœ:ţi] |
| eenenveertig | førtien | ['fœ:ţi en] |
| tweeënveertig | førtito | ['fœ:ţi tʉ] |
| drieënveertig | førtitre | ['fœ:ţi tre] |

| vijftig | femti | ['fɛmti] |
| eenenvijftig | femtien | ['fɛmti en] |
| tweeënvijftig | femtito | ['fɛmti tʉ] |
| drieënvijftig | femtitre | ['fɛmti tre] |

| zestig | seksti | ['sɛksti] |
| eenenzestig | sekstien | ['sɛksti en] |
| tweeënzestig | sekstito | ['sɛksti tʉ] |
| drieënzestig | sekstitre | ['sɛksti tre] |

| zeventig | sytti | ['sʏti] |
| eenenzeventig | syttien | ['sʏti en] |
| tweeënzeventig | syttito | ['sʏti tʉ] |
| drieënzeventig | syttitre | ['sʏti tre] |

| tachtig | åtti | ['ɔti] |
| eenentachtig | åttien | ['ɔti en] |
| tweeëntachtig | åttito | ['ɔti tʉ] |
| drieëntachtig | åttitre | ['ɔti tre] |

| negentig | nitti | ['niti] |
| eenennegentig | nittien | ['niti en] |
| tweeënnegentig | nittito | ['niti tʉ] |
| drieënnegentig | nittitre | ['niti tre] |

## 5. Kardinale getallen. Deel 2

| honderd | hundre | ['hʉndrə] |
| tweehonderd | to hundre | ['tʉ ,hʉndrə] |
| driehonderd | tre hundre | ['tre ,hʉndrə] |
| vierhonderd | fire hundre | ['fire ,hʉndrə] |
| vijfhonderd | fem hundre | ['fɛm ,hʉndrə] |

| zeshonderd | seks hundre | ['sɛks ,hʉndrə] |
| zevenhonderd | syv hundre | ['syv ,hʉndrə] |
| achthonderd | åtte hundre | ['ɔtə ,hʉndrə] |
| negenhonderd | ni hundre | ['ni ,hʉndrə] |

| duizend | tusen | ['tʉsən] |
| tweeduizend | to tusen | ['tʉ ,tʉsən] |
| drieduizend | tre tusen | ['tre ,tʉsən] |

15

| tienduizend | ti tusen | ['ti ,tʉsən] |
| honderdduizend | hundre tusen | ['hʉndrə ,tʉsən] |
| miljoen (het) | million (m) | [mi'ljun] |
| miljard (het) | milliard (m) | [mi'lja:d] |

## 6. Ordinale getallen

| eerste (bn) | første | ['fœʂtə] |
| tweede (bn) | annen | ['anən] |
| derde (bn) | tredje | ['trɛdjə] |
| vierde (bn) | fjerde | ['fjærə] |
| vijfde (bn) | femte | ['fɛmtə] |

| zesde (bn) | sjette | ['sɛtə] |
| zevende (bn) | sjuende | ['sʉenə] |
| achtste (bn) | åttende | ['ɔtenə] |
| negende (bn) | niende | ['nienə] |
| tiende (bn) | tiende | ['tienə] |

## 7. Getallen. Breuken

| breukgetal (het) | brøk (m) | ['brøk] |
| half | en halv | [en 'hal] |
| een derde | en tredjedel | [en 'trɛdjə,del] |
| kwart | en fjerdedel | [en 'fjærə,del] |

| een achtste | en åttendedel | [en 'ɔtenə,del] |
| een tiende | en tiendedel | [en 'tienə,del] |
| twee derde | to tredjedeler | ['tʉ 'trɛdjə,delər] |
| driekwart | tre fjerdedeler | ['tre 'fjær,delər] |

## 8. Getallen. Eenvoudige berekeningen

| aftrekking (de) | subtraksjon (m) | [sʉbtrak'ʂun] |
| aftrekken (ww) | å subtrahere | [ɔ 'sʉbtra,herə] |
| deling (de) | divisjon (m) | [divi'ʂun] |
| delen (ww) | å dividere | [ɔ divi'derə] |
| optelling (de) | addisjon (m) | [adi'ʂun] |
| erbij optellen (bij elkaar voegen) | å addere | [ɔ a'derə] |
| optellen (ww) | å addere | [ɔ a'derə] |
| vermenigvuldiging (de) | multiplikasjon (m) | [mʉltiplika'ʂun] |
| vermenigvuldigen (ww) | å multiplisere | [ɔ mʉltipli'serə] |

## 9. Getallen. Diversen

| cijfer (het) | siffer (n) | ['sifər] |
| nummer (het) | tall (n) | ['tal] |

| | | |
|---|---|---|
| telwoord (het) | tallord (n) | ['tal‚u:r] |
| minteken (het) | minus (n) | ['minʉs] |
| plusteken (het) | pluss (n) | ['plʉs] |
| formule (de) | formel (m) | ['fɔrməl] |

| | | |
|---|---|---|
| berekening (de) | beregning (m/f) | [be'rɛjniŋ] |
| tellen (ww) | å telle | [ɔ 'tɛlə] |
| bijrekenen (ww) | å telle opp | [ɔ 'tɛlə ɔp] |
| vergelijken (ww) | å sammenlikne | [ɔ 'samən‚liknə] |

| | | |
|---|---|---|
| Hoeveel? (ontelb.) | Hvor mye? | [vʊr 'mye] |
| Hoeveel? (telb.) | Hvor mange? | [vʊr 'maŋə] |
| som (de), totaal (het) | sum (m) | ['sʉm] |
| uitkomst (de) | resultat (n) | [resʉl'tat] |
| rest (de) | rest (m) | ['rɛst] |

| | | |
|---|---|---|
| enkele (bijv. ~ minuten) | noen | ['nʊən] |
| weinig (telb.) | få, ikke mange | ['fɔ], ['ikə ‚maŋə] |
| een beetje (ontelb.) | lite | ['litə] |
| restant (het) | rest (m) | ['rɛst] |
| anderhalf | halvannen | [hal'anən] |
| dozijn (het) | dusin (n) | [dʉ'sin] |

| | | |
|---|---|---|
| middendoor (bw) | i 2 halvdeler | [i tʊ hal'delər] |
| even (bw) | jevnt | ['jɛvnt] |
| helft (de) | halvdel (m) | ['haldel] |
| keer (de) | gang (m) | ['gaŋ] |

## 10. De belangrijkste werkwoorden. Deel 1

| | | |
|---|---|---|
| aanbevelen (ww) | å anbefale | [ɔ 'anbe‚falə] |
| aandringen (ww) | å insistere | [ɔ insi'sterə] |
| aankomen (per auto, enz.) | å ankomme | [ɔ 'an‚kɔmə] |
| aanraken (ww) | å røre | [ɔ 'rørə] |
| adviseren (ww) | å råde | [ɔ 'ro:də] |

| | | |
|---|---|---|
| afdalen (on.ww.) | å gå ned | [ɔ 'gɔ ne] |
| afslaan (naar rechts ~) | å svinge | [ɔ 'sviŋə] |
| antwoorden (ww) | å svare | [ɔ 'svarə] |
| bang zijn (ww) | å frykte | [ɔ 'frʏktə] |
| bedreigen | å true | [ɔ 'trʉə] |
| (bijv. met een pistool) | | |

| | | |
|---|---|---|
| bedriegen (ww) | å fuske | [ɔ 'fʉskə] |
| beëindigen (ww) | å slutte | [ɔ 'ʂlʉtə] |
| beginnen (ww) | å begynne | [ɔ be'jinə] |
| begrijpen (ww) | å forstå | [ɔ fo'ʂtɔ] |
| beheren (managen) | å styre, å lede | [ɔ 'styrə], [ɔ 'ledə] |

| | | |
|---|---|---|
| beledigen | å fornærme | [ɔ fo:'ŋærmə] |
| (met scheldwoorden) | | |

| | | |
|---|---|---|
| beloven (ww) | å love | [ɔ 'lovə] |
| bereiden (koken) | å lage | [ɔ 'lagə] |
| bespreken (spreken over) | å diskutere | [ɔ diskʉ'terə] |

17

| bestellen (eten ~) | å bestille | [ɔ be'stilə] |
|---|---|---|
| bestraffen (een stout kind ~) | å straffe | [ɔ 'strɑfə] |
| betalen (ww) | å betale | [ɔ be'tɑlə] |
| betekenen (beduiden) | å bety | [ɔ 'bety] |
| betreuren (ww) | å beklage | [ɔ be'klɑgə] |

| bevallen (prettig vinden) | å like | [ɔ 'likə] |
|---|---|---|
| bevelen (mil.) | å beordre | [ɔ be'ɔrdrə] |
| bevrijden (stad, enz.) | å befri | [ɔ be'fri] |
| bewaren (ww) | å beholde | [ɔ be'hɔlə] |
| bezitten (ww) | å besidde, å eie | [ɔ bɛ'sidə], [ɔ 'æjə] |

| bidden (praten met God) | å be | [ɔ 'be] |
|---|---|---|
| binnengaan (een kamer ~) | å komme inn | [ɔ 'kɔmə in] |
| breken (ww) | å bryte | [ɔ 'brytə] |
| controleren (ww) | å kontrollere | [ɔ kʊntrɔ'lerə] |
| creëren (ww) | å opprette | [ɔ 'ɔp,rɛtə] |

| deelnemen (ww) | å delta | [ɔ 'dɛltɑ] |
|---|---|---|
| denken (ww) | å tenke | [ɔ 'tɛnkə] |
| doden (ww) | å døde, å myrde | [ɔ 'dødə], [ɔ 'mʏ:də] |
| doen (ww) | å gjøre | [ɔ 'jørə] |
| dorst hebben (ww) | å være tørst | [ɔ 'værə 'tœʂt] |

## 11. De belangrijkste werkwoorden. Deel 2

| een hint geven | å gi et vink | [ɔ 'ji et 'vink] |
|---|---|---|
| eisen (met klem vragen) | å kreve | [ɔ 'krevə] |
| excuseren (vergeven) | å unnskylde | [ɔ 'ʉn,ʂylə] |
| existeren (bestaan) | å eksistere | [ɔ ɛksi'sterə] |
| gaan (te voet) | å gå | [ɔ 'gɔ] |

| gaan zitten (ww) | å sette seg | [ɔ 'sɛtə sæj] |
|---|---|---|
| gaan zwemmen | å bade | [ɔ 'bɑdə] |
| geven (ww) | å gi | [ɔ 'ji] |
| glimlachen (ww) | å smile | [ɔ 'smilə] |
| goed raden (ww) | å gjette | [ɔ 'jɛtə] |

| grappen maken (ww) | å spøke | [ɔ 'spøkə] |
|---|---|---|
| graven (ww) | å grave | [ɔ 'grɑvə] |

| hebben (ww) | å ha | [ɔ 'hɑ] |
|---|---|---|
| helpen (ww) | å hjelpe | [ɔ 'jɛlpə] |
| herhalen (opnieuw zeggen) | å gjenta | [ɔ 'jɛntɑ] |
| honger hebben (ww) | å være sulten | [ɔ 'værə 'sʉltən] |

| hopen (ww) | å håpe | [ɔ 'ho:pə] |
|---|---|---|
| horen (waarnemen met het oor) | å høre | [ɔ 'hørə] |
| huilen (wenen) | å gråte | [ɔ 'gro:tə] |
| huren (huis, kamer) | å leie | [ɔ 'læjə] |
| informeren (informatie geven) | å informere | [ɔ infɔr'merə] |
| instemmen (akkoord gaan) | å samtykke | [ɔ 'sɑm,tʏkə] |
| jagen (ww) | å jage | [ɔ 'jɑgə] |

| kennen (kennis hebben van iemand) | å kjenne | [ɔ 'çɛnə] |
| kiezen (ww) | å velge | [ɔ 'vɛlgə] |
| klagen (ww) | å klage | [ɔ 'klagə] |

| kosten (ww) | å koste | [ɔ 'kɔstə] |
| kunnen (ww) | å kunne | [ɔ 'kʉnə] |
| lachen (ww) | å le, å skratte | [ɔ 'le], [ɔ 'skratə] |
| laten vallen (ww) | å tappe | [ɔ 'tapə] |
| lezen (ww) | å lese | [ɔ 'lesə] |

| liefhebben (ww) | å elske | [ɔ 'ɛlskə] |
| lunchen (ww) | å spise lunsj | [ɔ 'spisə ˌlʉnʂ] |
| nemen (ww) | å ta | [ɔ 'ta] |
| nodig zijn (ww) | å være behøv | [ɔ 'værə bə'høv] |

## 12. De belangrijkste werkwoorden. Deel 3

| onderschatten (ww) | å undervurdere | [ɔ 'ʉnərvʉːˌderə] |
| ondertekenen (ww) | å underskrive | [ɔ 'ʉnəˌskrivə] |
| ontbijten (ww) | å spise frokost | [ɔ 'spisə ˌfrʊkɔst] |
| openen (ww) | å åpne | [ɔ 'ɔpnə] |
| ophouden (ww) | å slutte | [ɔ 'ʂlʉtə] |
| opmerken (zien) | å bemerke | [ɔ be'mærkə] |

| opscheppen (ww) | å prale | [ɔ 'pralə] |
| opschrijven (ww) | å skrive ned | [ɔ 'skrivə ne] |
| plannen (ww) | å planlegge | [ɔ 'planˌlegə] |
| prefereren (verkiezen) | å foretrekke | [ɔ 'foreˌtrɛkə] |
| proberen (trachten) | å prøve | [ɔ 'prøvə] |
| redden (ww) | å redde | [ɔ 'rɛdə] |

| rekenen op ... | å regne med ... | [ɔ 'rɛjnə me ...] |
| rennen (ww) | å løpe | [ɔ 'løpə] |
| reserveren (een hotelkamer ~) | å reservere | [ɔ resɛr'verə] |
| roepen (om hulp) | å tilkalle | [ɔ 'tilˌkalə] |
| schieten (ww) | å skyte | [ɔ 'ʂytə] |
| schreeuwen (ww) | å skrike | [ɔ 'skrikə] |

| schrijven (ww) | å skrive | [ɔ 'skrivə] |
| souperen (ww) | å spise middag | [ɔ 'spisə 'miˌda] |
| spelen (kinderen) | å leke | [ɔ 'lekə] |
| spreken (ww) | å tale | [ɔ 'talə] |
| stelen (ww) | å stjele | [ɔ 'stjelə] |
| stoppen (pauzeren) | å stoppe | [ɔ 'stɔpə] |

| studeren (Nederlands ~) | å studere | [ɔ stʉ'derə] |
| sturen (zenden) | å sende | [ɔ 'sɛnə] |
| tellen (optellen) | å telle | [ɔ 'tɛlə] |
| toebehoren ... | å tilhøre ... | [ɔ 'tilˌhørə ...] |
| toestaan (ww) | å tillate | [ɔ 'tiˌlatə] |
| tonen (ww) | å vise | [ɔ 'visə] |
| twijfelen (onzeker zijn) | å tvile | [ɔ 'tvilə] |

| | | |
|---|---|---|
| uitgaan (ww) | å gå ut | [ɔ 'gɔ ʉt] |
| uitnodigen (ww) | å innby, å invitere | [ɔ 'inby], [ɔ invi'terə] |
| uitspreken (ww) | å uttale | [ɔ 'ʉt,talə] |
| uitvaren tegen (ww) | å skjelle | [ɔ 'ʂɛːlə] |

## 13. De belangrijkste werkwoorden. Deel 4

| | | |
|---|---|---|
| vallen (ww) | å falle | [ɔ 'falə] |
| vangen (ww) | å fange | [ɔ 'faŋə] |
| veranderen (anders maken) | å endre | [ɔ 'ɛndrə] |
| verbaasd zijn (ww) | å bli forundret | [ɔ 'bli fɔ'rʉndrət] |
| verbergen (ww) | å gjemme | [ɔ 'jɛmə] |

| | | |
|---|---|---|
| verdedigen (je land ~) | å forsvare | [ɔ fɔ'ʂvarə] |
| verenigen (ww) | å forene | [ɔ fɔ'renə] |
| vergelijken (ww) | å sammenlikne | [ɔ 'samən,liknə] |
| vergeten (ww) | å glemme | [ɔ 'glemə] |
| vergeven (ww) | å tilgi | [ɔ 'til,ji] |

| | | |
|---|---|---|
| verklaren (uitleggen) | å forklare | [ɔ fɔr'klarə] |
| verkopen (per stuk ~) | å selge | [ɔ 'sɛlə] |
| vermelden (praten over) | å omtale, å nevne | [ɔ 'ɔm,talə], [ɔ 'nɛvnə] |
| versieren (decoreren) | å pryde | [ɔ 'prydə] |
| vertalen (ww) | å oversette | [ɔ 'ɔvə,ʂɛtə] |

| | | |
|---|---|---|
| vertrouwen (ww) | å stole på | [ɔ 'stʉlə pɔ] |
| vervolgen (ww) | å fortsette | [ɔ 'fort,ʂɛtə] |
| verwarren (met elkaar ~) | å forveksle | [ɔ fɔr'vɛkʂlə] |
| verzoeken (ww) | å be | [ɔ 'be] |
| verzuimen (school, enz.) | å skulke | [ɔ 'skʉlkə] |

| | | |
|---|---|---|
| vinden (ww) | å finne | [ɔ 'finə] |
| vliegen (ww) | å fly | [ɔ 'fly] |
| volgen (ww) | å følge etter ... | [ɔ 'følə 'ɛtər ...] |
| voorstellen (ww) | å foreslå | [ɔ 'fɔrə,ʂlɔ] |
| voorzien (verwachten) | å forutse | [ɔ 'forʉt,se] |
| vragen (ww) | å spørre | [ɔ 'spørə] |

| | | |
|---|---|---|
| waarnemen (ww) | å observere | [ɔ ɔbsɛr'verə] |
| waarschuwen (ww) | å varsle | [ɔ 'vaʂlə] |
| wachten (ww) | å vente | [ɔ 'vɛntə] |
| weerspreken (ww) | å innvende | [ɔ 'in,vɛnə] |
| weigeren (ww) | å vegre seg | [ɔ 'vɛgrə sæj] |

| | | |
|---|---|---|
| werken (ww) | å arbeide | [ɔ 'ar,bæjdə] |
| weten (ww) | å vite | [ɔ 'vitə] |
| willen (verlangen) | å ville | [ɔ 'vilə] |
| zeggen (ww) | å si | [ɔ 'si] |
| zich haasten (ww) | å skynde seg | [ɔ 'ʂynə sæj] |

| | | |
|---|---|---|
| zich interesseren voor ... | å interessere seg | [ɔ intərə'serə sæj] |
| zich vergissen (ww) | å gjøre feil | [ɔ 'jørə ,fæjl] |
| zich verontschuldigen | å unnskylde seg | [ɔ 'ʉn,ʂylə sæj] |
| zien (ww) | å se | [ɔ 'se] |

| | | |
|---|---|---|
| zijn (ww) | å være | [ɔ 'væːrə] |
| zoeken (ww) | å søke ... | [ɔ 'søːkə ...] |
| zwemmen (ww) | å svømme | [ɔ 'svœmə] |
| zwijgen (ww) | å tie | [ɔ 'tie] |

## 14. Kleuren

| | | |
|---|---|---|
| kleur (de) | farge (m) | ['fɑrgə] |
| tint (de) | nyanse (m) | [ny'ɑnsə] |
| kleurnuance (de) | fargetone (m) | ['fɑrgə,tuːnə] |
| regenboog (de) | regnbue (m) | ['ræjn,bʉːə] |
| wit (bn) | hvit | ['vit] |
| zwart (bn) | svart | ['svɑːt] |
| grijs (bn) | grå | ['grɔ] |
| groen (bn) | grønn | ['grœn] |
| geel (bn) | gul | ['gʉl] |
| rood (bn) | rød | ['rø] |
| blauw (bn) | blå | ['blɔ] |
| lichtblauw (bn) | lyseblå | ['lysə,blɔ] |
| roze (bn) | rosa | ['rɔsɑ] |
| oranje (bn) | oransje | [ɔ'rɑnʂɛ] |
| violet (bn) | fiolett | [fiʊ'lət] |
| bruin (bn) | brun | ['brʉn] |
| goud (bn) | gullgul | ['gʉl] |
| zilverkleurig (bn) | sølv- | ['søl-] |
| beige (bn) | beige | ['bɛːʂ] |
| roomkleurig (bn) | kremfarget | ['krɛm,fɑrgət] |
| turkoois (bn) | turkis | [tʉr'kis] |
| kersrood (bn) | kirsebærrød | ['çisəbæːr,rød] |
| lila (bn) | lilla | ['lilɑ] |
| karmijnrood (bn) | karminrød | ['kɑrmʊ'sin,rød] |
| licht (bn) | lys | ['lys] |
| donker (bn) | mørk | ['mœrk] |
| fel (bn) | klar | ['klɑr] |
| kleur-, kleurig (bn) | farge- | ['fɑrgə-] |
| kleuren- (abn) | farge- | ['fɑrgə-] |
| zwart-wit (bn) | svart-hvit | ['svɑːt vit] |
| eenkleurig (bn) | ensfarget | ['ɛns,fɑrgət] |
| veelkleurig (bn) | mangefarget | ['mɑnə,fɑrgət] |

## 15. Vragen

| | | |
|---|---|---|
| Wie? | Hvem? | ['vɛm] |
| Wat? | Hva? | ['vɑ] |
| Waar? | Hvor? | ['vʊr] |

| | | |
|---|---|---|
| Waarheen? | Hvorhen? | ['vʊrhen] |
| Waar ... vandaan? | Hvorfra? | ['vʊrfra] |
| Wanneer? | Når? | [nɔr] |
| Waarom? | Hvorfor? | ['vʊrfʊr] |
| Waarom? | Hvorfor? | ['vʊrfʊr] |
| | | |
| Waarvoor dan ook? | Hvorfor? | ['vʊrfʊr] |
| Hoe? | Hvordan? | ['vʊːdɑn] |
| Wat voor ...? | Hvilken? | ['vilkən] |
| Welk? | Hvilken? | ['vilkən] |
| | | |
| Aan wie? | Til hvem? | [til 'vɛm] |
| Over wie? | Om hvem? | [ɔm 'vɛm] |
| Waarover? | Om hva? | [ɔm 'vɑ] |
| Met wie? | Med hvem? | [me 'vɛm] |
| | | |
| Hoeveel? (telb.) | Hvor mange? | [vʊr 'mɑŋə] |
| Hoeveel? (ontelb.) | Hvor mye? | [vʊr 'mye] |
| Van wie? (mann.) | Hvis? | ['vis] |

## 16. Voorzetsels

| | | |
|---|---|---|
| met (bijv. ~ beleg) | med | [me] |
| zonder (~ accent) | uten | ['ʉtən] |
| naar (in de richting van) | til | ['til] |
| over (praten ~) | om | ['ɔm] |
| voor (in tijd) | før | ['før] |
| voor (aan de voorkant) | foran, framfor | ['fɔrɑn], ['frɑmfɔr] |
| | | |
| onder (lager dan) | under | ['ʉnər] |
| boven (hoger dan) | over | ['ɔvər] |
| op (bovenop) | på | ['pɔ] |
| van (uit, afkomstig van) | fra | ['frɑ] |
| van (gemaakt van) | av | [ɑː] |
| | | |
| over (bijv. ~ een uur) | om | ['ɔm] |
| over (over de bovenkant) | over | ['ɔvər] |

## 17. Functiewoorden. Bijwoorden. Deel 1

| | | |
|---|---|---|
| Waar? | Hvor? | ['vʊr] |
| hier (bw) | her | ['hɛr] |
| daar (bw) | der | ['dɛr] |
| | | |
| ergens (bw) | et sted | [et 'sted] |
| nergens (bw) | ingensteds | ['iŋən‚stɛts] |
| | | |
| bij ... (in de buurt) | ved | ['ve] |
| bij het raam | ved vinduet | [ve 'vindʉə] |
| | | |
| Waarheen? | Hvorhen? | ['vʊrhen] |
| hierheen (bw) | hit | ['hit] |

| | | |
|---|---|---|
| daarheen (bw) | dit | ['dit] |
| hiervandaan (bw) | herfra | ['hɛr‚frɑ] |
| daarvandaan (bw) | derfra | ['dɛr‚frɑ] |

| | | |
|---|---|---|
| dichtbij (bw) | nær | ['nær] |
| ver (bw) | langt | ['lɑŋt] |

| | | |
|---|---|---|
| in de buurt (van …) | nær | ['nær] |
| vlakbij (bw) | i nærheten | [i 'nær‚hetən] |
| niet ver (bw) | ikke langt | ['ikə 'lɑŋt] |

| | | |
|---|---|---|
| linker (bn) | venstre | ['vɛnstrə] |
| links (bw) | til venstre | [til 'vɛnstrə] |
| linksaf, naar links (bw) | til venstre | [til 'vɛnstrə] |

| | | |
|---|---|---|
| rechter (bn) | høyre | ['højrə] |
| rechts (bw) | til høyre | [til 'højrə] |
| rechtsaf, naar rechts (bw) | til høyre | [til 'højrə] |

| | | |
|---|---|---|
| vooraan (bw) | foran | ['fɔrɑn] |
| voorste (bn) | fremre | ['frɛmrə] |
| vooruit (bw) | fram | ['frɑm] |

| | | |
|---|---|---|
| achter (bw) | bakom | ['bɑkɔm] |
| van achteren (bw) | bakfra | ['bɑk‚frɑ] |
| achteruit (naar achteren) | tilbake | [til'bɑkə] |

| | | |
|---|---|---|
| midden (het) | midt (m) | ['mit] |
| in het midden (bw) | i midten | [i 'mitən] |

| | | |
|---|---|---|
| opzij (bw) | fra siden | [frɑ 'sidən] |
| overal (bw) | overalt | [ɔvər'alt] |
| omheen (bw) | rundt omkring | ['rʉnt ɔm'kriŋ] |

| | | |
|---|---|---|
| binnenuit (bw) | innefra | ['inə‚frɑ] |
| naar ergens (bw) | et sted | [et 'sted] |
| rechtdoor (bw) | rett, direkte | ['rɛt], ['di'rɛktə] |
| terug (bijv. ~ komen) | tilbake | [til'bɑkə] |

| | | |
|---|---|---|
| ergens vandaan (bw) | et eller annet steds fra | [et 'elər ‚ɑ:nt 'stɛts frɑ] |
| ergens vandaan | et eller annet steds fra | [et 'elər ‚ɑ:nt 'stɛts frɑ] |
| (en dit geld moet ~ komen) | | |

| | | |
|---|---|---|
| ten eerste (bw) | for det første | [for də 'fœʂtə] |
| ten tweede (bw) | for det annet | [for də 'ɑ:nt] |
| ten derde (bw) | for det tredje | [for də 'trɛdje] |

| | | |
|---|---|---|
| plotseling (bw) | plutselig | ['plʉtseli] |
| in het begin (bw) | i begynnelsen | [i be'jinəlsən] |
| voor de eerste keer (bw) | for første gang | [for 'fœʂtə ‚gɑŋ] |
| lang voor … (bw) | lenge før … | ['leŋə 'før …] |
| opnieuw (bw) | på nytt | [pɔ 'nʏt] |
| voor eeuwig (bw) | for godt | [for 'gɔt] |

| | | |
|---|---|---|
| nooit (bw) | aldri | ['ɑldri] |
| weer (bw) | igjen | [i'jɛn] |

23

| nu (bw) | nå | ['nɔ] |
| vaak (bw) | ofte | ['ɔftə] |
| toen (bw) | da | ['da] |
| urgent (bw) | omgående | ['ɔm‚gɔːnə] |
| meestal (bw) | vanligvis | ['vanli‚vis] |

| trouwens, ... (tussen haakjes) | forresten, ... | [fɔ'rɛstən ...] |

| mogelijk (bw) | mulig, kanskje | ['mʉli], ['kanʂə] |
| waarschijnlijk (bw) | sannsynligvis | [san'sʏnli‚vis] |
| misschien (bw) | kanskje | ['kanʂə] |
| trouwens (bw) | dessuten, ... | [des'ʉtən ...] |
| daarom ... | derfor ... | ['dɛrfɔr ...] |
| in weerwil van ... | på tross av ... | ['pɔ 'trɔs ɑː ...] |
| dankzij ... | takket være ... | ['takət ‚værə ...] |

| wat (vn) | hva | ['va] |
| dat (vw) | at | [at] |
| iets (vn) | noe | ['nʉe] |
| iets | noe | ['nʉe] |
| niets (vn) | ingenting | ['iŋəntiŋ] |

| wie (~ is daar?) | hvem | ['vɛm] |
| iemand (een onbekende) | noen | ['nʉən] |
| iemand (een bepaald persoon) | noen | ['nʉən] |

| niemand (vn) | ingen | ['iŋən] |
| nergens (bw) | ingensteds | ['iŋən‚stɛts] |
| niemands (bn) | ingens | ['iŋəns] |
| iemands (bn) | noens | ['nʉəns] |

| zo (Ik ben ~ blij) | så | ['sɔː] |
| ook (evenals) | også | ['ɔsɔ] |
| alsook (eveneens) | også | ['ɔsɔ] |

## 18. Functiewoorden. Bijwoorden. Deel 2

| Waarom? | Hvorfor? | ['vurfur] |
| om een bepaalde reden | av en eller annen grunn | [ɑː en elər 'anən ‚grʉn] |
| omdat ... | fordi ... | [fɔ'di ...] |
| voor een bepaald doel | av en eller annen grunn | [ɑː en elər 'anən ‚grʉn] |

| en (vw) | og | ['ɔ] |
| of (vw) | eller | ['elər] |
| maar (vw) | men | ['men] |
| voor (vz) | for, til | [fɔr], [til] |

| te (~ veel mensen) | for, altfor | ['fɔr], ['altfɔr] |
| alleen (bw) | bare | ['barə] |
| precies (bw) | presis, eksakt | [prɛ'sis], [ɛk'sakt] |
| ongeveer (~ 10 kg) | cirka | ['sirka] |
| omstreeks (bw) | omtrent | [ɔm'trɛnt] |
| bij benadering (bn) | omtrentlig | [ɔm'trɛntli] |

| | | |
|---|---|---|
| bijna (bw) | nesten | ['nɛstən] |
| rest (de) | rest (m) | ['rɛst] |
| | | |
| de andere (tweede) | den annen | [den 'anən] |
| ander (bn) | andre | ['andrə] |
| elk (bn) | hver | ['vɛr] |
| om het even welk | hvilken som helst | ['vilkən sɔm 'hɛlst] |
| veel (grote hoeveelheid) | mye | ['mye] |
| veel mensen | mange | ['maŋə] |
| iedereen (alle personen) | alle | ['alə] |
| | | |
| in ruil voor ... | til gjengjeld for ... | [til 'jɛnjɛl for ...] |
| in ruil (bw) | istedenfor | [i'steden,for] |
| met de hand (bw) | for hånd | [for 'hon] |
| onwaarschijnlijk (bw) | neppe | ['nepə] |
| | | |
| waarschijnlijk (bw) | sannsynligvis | [sɑn'sʏnli,vis] |
| met opzet (bw) | med vilje | [me 'viljə] |
| toevallig (bw) | tilfeldigvis | [til'fɛldivis] |
| | | |
| zeer (bw) | meget | ['megət] |
| bijvoorbeeld (bw) | for eksempel | [for ɛk'sɛmpəl] |
| tussen (~ twee steden) | mellom | ['mɛlɔm] |
| tussen (te midden van) | blant | ['blant] |
| zoveel (bw) | så mye | ['sɔ: mye] |
| vooral (bw) | særlig | ['sæ:[i] |

# Basisbegrippen Deel 2

## 19. Dagen van de week

| maandag (de) | mandag (m) | ['man,da] |
| dinsdag (de) | tirsdag (m) | ['tiʂ,da] |
| woensdag (de) | onsdag (m) | ['ʊns,da] |
| donderdag (de) | torsdag (m) | ['toʂ,da] |
| vrijdag (de) | fredag (m) | ['frɛ,da] |
| zaterdag (de) | lørdag (m) | ['lør,da] |
| zondag (de) | søndag (m) | ['søn,da] |
| | | |
| vandaag (bw) | i dag | [i 'da] |
| morgen (bw) | i morgen | [i 'mɔːən] |
| overmorgen (bw) | i overmorgen | [i 'ɔvər,mɔːən] |
| gisteren (bw) | i går | [i 'gor] |
| eergisteren (bw) | i forgårs | [i 'for,goʂ] |
| | | |
| dag (de) | dag (m) | ['da] |
| werkdag (de) | arbeidsdag (m) | ['arbæjds,da] |
| feestdag (de) | festdag (m) | ['fɛst,da] |
| verlofdag (de) | fridag (m) | ['fri,da] |
| weekend (het) | ukeslutt (m), helg (f) | ['ʉkə,slʉt], ['hɛlg] |
| | | |
| de hele dag (bw) | hele dagen | ['hele 'dagen] |
| de volgende dag (bw) | neste dag | ['nɛstə ,da] |
| twee dagen geleden | for to dager siden | [for tʉ 'dager ,siden] |
| aan de vooravond (bw) | dagen før | ['dagen 'før] |
| dag-, dagelijks (bn) | daglig | ['dagli] |
| elke dag (bw) | hver dag | ['vɛr da] |
| | | |
| week (de) | uke (m/f) | ['ʉkə] |
| vorige week (bw) | siste uke | ['sistə 'ʉkə] |
| volgende week (bw) | i neste uke | [i 'nɛstə 'ʉkə] |
| wekelijks (bn) | ukentlig | ['ʉkəntli] |
| elke week (bw) | hver uke | ['vɛr 'ʉkə] |
| twee keer per week | to ganger per uke | ['tʉ 'gaŋər per 'ʉkə] |
| elke dinsdag | hver tirsdag | ['vɛr 'tiʂda] |

## 20. Uren. Dag en nacht

| morgen (de) | morgen (m) | ['mɔːən] |
| 's morgens (bw) | om morgenen | [ɔm 'mɔːənən] |
| middag (de) | middag (m) | ['mi,da] |
| 's middags (bw) | om ettermiddagen | [ɔm 'ɛtər,midagən] |
| | | |
| avond (de) | kveld (m) | ['kvɛl] |
| 's avonds (bw) | om kvelden | [ɔm 'kvɛlən] |

| nacht (de) | natt (m/f) | ['nat] |
| 's nachts (bw) | om natta | [ɔm 'nata] |
| middernacht (de) | midnatt (m/f) | ['mid‚nat] |

| seconde (de) | sekund (m/n) | [se'kʉn] |
| minuut (de) | minutt (n) | [mi'nʉt] |
| uur (het) | time (m) | ['timə] |
| halfuur (het) | halvtime (m) | ['hal‚timə] |
| kwartier (het) | kvarter (n) | [kvɑːʈer] |
| vijftien minuten | femten minutter | ['fɛmtən mi'nʉtər] |
| etmaal (het) | døgn (n) | ['døjn] |

| zonsopgang (de) | soloppgang (m) | ['sʉlɔp‚gɑŋ] |
| dageraad (de) | daggry (n) | ['dɑg‚gry] |
| vroege morgen (de) | tidlig morgen (m) | ['tili 'mɔːən] |
| zonsondergang (de) | solnedgang (m) | ['sʉlned‚gɑŋ] |

| 's morgens vroeg (bw) | tidlig om morgenen | ['tili ɔm 'mɔːenən] |
| vanmorgen (bw) | i morges | [i 'mɔrəs] |
| morgenochtend (bw) | i morgen tidlig | [i 'mɔːən 'tili] |

| vanmiddag (bw) | i formiddag | [i 'fɔrmi‚dɑ] |
| 's middags (bw) | om ettermiddagen | [ɔm 'ɛtər‚midɑgən] |
| morgenmiddag (bw) | i morgen ettermiddag | [i 'mɔːən 'ɛtər‚midɑ] |

| vanavond (bw) | i kveld | [i 'kvɛl] |
| morgenavond (bw) | i morgen kveld | [i 'mɔːən ‚kvɛl] |

| klokslag drie uur | presis klokka tre | [prɛ'sis 'klɔkɑ tre] |
| ongeveer vier uur | ved fire-tiden | [ve 'fire ‚tidən] |
| tegen twaalf uur | innen klokken tolv | ['inən 'klɔkən tɔl] |

| over twintig minuten | om tjue minutter | [ɔm 'çʉə mi'nʉtər] |
| over een uur | om en time | [ɔm en 'timə] |
| op tijd (bw) | i tide | [i 'tidə] |

| kwart voor ... | kvart på ... | ['kvɑːʈ pɔ ...] |
| binnen een uur | innen en time | ['inən en 'timə] |
| elk kwartier | hvert kvarter | ['vɛːʈ kvɑːˈʈer] |
| de klok rond | døgnet rundt | ['døjne ‚rʉnt] |

## 21. Maanden. Seizoenen

| januari (de) | januar (m) | ['janʉ‚ɑr] |
| februari (de) | februar (m) | ['febrʉ‚ɑr] |
| maart (de) | mars (m) | ['mɑʂ] |
| april (de) | april (m) | [ɑ'pril] |
| mei (de) | mai (m) | ['mɑj] |
| juni (de) | juni (m) | ['jʉni] |

| juli (de) | juli (m) | ['jʉli] |
| augustus (de) | august (m) | [aʉ'gʉst] |
| september (de) | september (m) | [sep'tɛmbər] |
| oktober (de) | oktober (m) | [ɔk'tʉbər] |

| november (de) | november (m) | [nʊ'vɛmbər] |
|---|---|---|
| december (de) | desember (m) | [de'sɛmbər] |

| lente (de) | vår (m) | ['vɔːr] |
| in de lente (bw) | om våren | [ɔm 'voːrən] |
| lente- (abn) | vår-, vårlig | ['vɔːr-], ['vɔːli] |

| zomer (de) | sommer (m) | ['sɔmər] |
| in de zomer (bw) | om sommeren | [ɔm 'sɔmerən] |
| zomer-, zomers (bn) | sommer- | ['sɔmər-] |

| herfst (de) | høst (m) | ['høst] |
| in de herfst (bw) | om høsten | [ɔm 'høstən] |
| herfst- (abn) | høst-, høstlig | ['høst-], ['høstli] |

| winter (de) | vinter (m) | ['vintər] |
| in de winter (bw) | om vinteren | [ɔm 'vinterən] |
| winter- (abn) | vinter- | ['vintər-] |

| maand (de) | måned (m) | ['moːnət] |
| deze maand (bw) | denne måneden | ['dɛnə 'moːnedən] |
| volgende maand (bw) | neste måned | ['nɛstə 'moːnət] |
| vorige maand (bw) | forrige måned | ['fɔriə ˌmoːnət] |

| een maand geleden (bw) | for en måned siden | [fɔr en 'moːnət ˌsidən] |
| over een maand (bw) | om en måned | [ɔm en 'moːnət] |
| over twee maanden (bw) | om to måneder | [ɔm 'tʊ 'moːnedər] |
| de hele maand (bw) | en hel måned | [en 'hel 'moːnət] |
| een volle maand (bw) | hele måned | ['helə 'moːnət] |

| maand-, maandelijks (bn) | månedlig | ['moːnədli] |
| maandelijks (bw) | månedligt | ['moːnedlət] |
| elke maand (bw) | hver måned | [ˌvɛr 'moːnət] |
| twee keer per maand | to ganger per måned | ['tʊ 'ɡaŋər per 'moːnət] |

| jaar (het) | år (n) | ['ɔr] |
| dit jaar (bw) | i år | [i 'oːr] |
| volgend jaar (bw) | neste år | ['nɛstə ˌoːr] |
| vorig jaar (bw) | i fjor | [i 'fjɔr] |

| een jaar geleden (bw) | for et år siden | [fɔr et 'oːr ˌsidən] |
| over een jaar | om et år | [ɔm et 'oːr] |
| over twee jaar | om to år | [ɔm 'tʊ 'oːr] |
| het hele jaar | hele året | ['helə 'oːrə] |
| een vol jaar | hele året | ['helə 'oːrə] |

| elk jaar | hvert år | ['vɛːʈ 'oːr] |
| jaar-, jaarlijks (bn) | årlig | ['oːli] |
| jaarlijks (bw) | årlig, hvert år | ['oːli], ['vɛːʈ 'ɔr] |
| 4 keer per jaar | fire ganger per år | ['fire 'ɡaŋər per 'oːr] |

| datum (de) | dato (m) | ['datʊ] |
| datum (de) | dato (m) | ['datʊ] |
| kalender (de) | kalender (m) | [ka'lendər] |
| een half jaar | halvår (n) | ['halˌoːr] |
| zes maanden | halvår (n) | ['halˌoːr] |

| seizoen (bijv. lente, zomer) | årstid (m/f) | ['oːʂˌtid] |
| eeuw (de) | århundre (n) | ['ɔrˌhʉndrə] |

## 22. Meeteenheden

| gewicht (het) | vekt (m) | ['vɛkt] |
| lengte (de) | lengde (m/f) | ['leŋdə] |
| breedte (de) | bredde (m) | ['brɛdə] |
| hoogte (de) | høyde (m) | ['højdə] |
| diepte (de) | dybde (m) | ['dʏbdə] |
| volume (het) | volum (n) | [voˈlʉm] |
| oppervlakte (de) | areal (n) | [ˌareˈɑl] |

| gram (het) | gram (n) | ['grɑm] |
| milligram (het) | milligram (n) | ['miliˌgrɑm] |
| kilogram (het) | kilogram (n) | ['çiluˌgrɑm] |
| ton (duizend kilo) | tonn (m/n) | ['tɔn] |
| pond (het) | pund (n) | ['pʉn] |
| ons (het) | unse (m) | ['ʉnsə] |

| meter (de) | meter (m) | ['metər] |
| millimeter (de) | millimeter (m) | ['miliˌmetər] |
| centimeter (de) | centimeter (m) | ['sɛntiˌmetər] |
| kilometer (de) | kilometer (m) | ['çiluˌmetər] |
| mijl (de) | mil (m/f) | ['mil] |

| duim (de) | tomme (m) | ['tɔmə] |
| voet (de) | fot (m) | ['fʊt] |
| yard (de) | yard (m) | ['jaːrd] |

| vierkante meter (de) | kvadratmeter (m) | [kvɑˈdrɑtˌmetər] |
| hectare (de) | hektar (n) | ['hɛktɑr] |

| liter (de) | liter (m) | ['litər] |
| graad (de) | grad (m) | ['grɑd] |
| volt (de) | volt (m) | ['vɔlt] |
| ampère (de) | ampere (m) | [ɑmˈpɛr] |
| paardenkracht (de) | hestekraft (m/f) | ['hɛstəˌkrɑft] |

| hoeveelheid (de) | mengde (m) | ['mɛŋdə] |
| een beetje ... | få ... | ['fɔ ...] |
| helft (de) | halvdel (m) | ['hɑldel] |

| dozijn (het) | dusin (n) | [dʉˈsin] |
| stuk (het) | stykke (n) | ['stʏkə] |

| afmeting (de) | størrelse (m) | ['stœrəlsə] |
| schaal (bijv. ~ van 1 op 50) | målestokk (m) | ['moːləˌstɔk] |

| minimaal (bn) | minimal | [miniˈmɑl] |
| minste (bn) | minste | ['minstə] |
| medium (bn) | middel- | ['midəl-] |
| maximaal (bn) | maksimal | [mɑksiˈmɑl] |
| grootste (bn) | største | ['stœʂtə] |

## 23. Containers

| | | |
|---|---|---|
| glazen pot (de) | **glaskrukke** (m/f) | ['glɑsˌkrʉkə] |
| blik (conserven~) | **boks** (m) | ['bɔks] |
| emmer (de) | **bøtte** (m/f) | ['bœtə] |
| ton (bijv. regenton) | **tønne** (m) | ['tœnə] |
| | | |
| ronde waterbak (de) | **vaskefat** (n) | ['vɑskəˌfat] |
| tank (bijv. watertank-70-ltr) | **tank** (m) | ['tɑnk] |
| heupfles (de) | **lommelerke** (m/f) | ['lʉməˌlærkə] |
| jerrycan (de) | **bensinkanne** (m/f) | [bɛn'sinˌkanə] |
| tank (bijv. ketelwagen) | **tank** (m) | ['tɑnk] |
| | | |
| beker (de) | **krus** (n) | ['krʉs] |
| kopje (het) | **kopp** (m) | ['kɔp] |
| schoteltje (het) | **tefat** (n) | ['teˌfat] |
| glas (het) | **glass** (n) | ['glɑs] |
| wijnglas (het) | **vinglass** (n) | ['vinˌglɑs] |
| steelpan (de) | **gryte** (m/f) | ['grytə] |
| | | |
| fles (de) | **flaske** (m) | ['flɑskə] |
| flessenhals (de) | **flaskehals** (m) | ['flɑskəˌhɑls] |
| | | |
| karaf (de) | **karaffel** (m) | [ka'rɑfəl] |
| kruik (de) | **mugge** (m/f) | ['mʉgə] |
| vat (het) | **beholder** (m) | [be'hɔlər] |
| pot (de) | **pott, potte** (m) | ['pɔt], ['pɔtə] |
| vaas (de) | **vase** (m) | ['vɑsə] |
| | | |
| flacon (de) | **flakong** (m) | [flɑ'kɔŋ] |
| flesje (het) | **flaske** (m/f) | ['flɑskə] |
| tube (bijv. ~ tandpasta) | **tube** (m) | ['tʉbə] |
| | | |
| zak (bijv. ~ aardappelen) | **sekk** (m) | ['sɛk] |
| tasje (het) | **pose** (m) | ['pʉsə] |
| pakje (~ sigaretten, enz.) | **pakke** (m/f) | ['pɑkə] |
| | | |
| doos (de) | **eske** (m/f) | ['ɛskə] |
| kist (de) | **kasse** (m/f) | ['kɑsə] |
| mand (de) | **kurv** (m) | ['kʉrv] |

# MENS

## Mens. Het lichaam

### 24. Hoofd

| | | |
|---|---|---|
| hoofd (het) | hode (n) | ['hʊdə] |
| gezicht (het) | ansikt (n) | ['ansikt] |
| neus (de) | nese (m/f) | ['nese] |
| mond (de) | munn (m) | ['mʉn] |
| oog (het) | øye (n) | ['øjə] |
| ogen (mv.) | øyne (n pl) | ['øjnə] |
| pupil (de) | pupill (m) | [pʉ'pil] |
| wenkbrauw (de) | øyenbryn (n) | ['øjən‚bryn] |
| wimper (de) | øyenvipp (m) | ['øjən‚vip] |
| ooglid (het) | øyelokk (m) | ['øjə‚lɔk] |
| tong (de) | tunge (m/f) | ['tʉŋə] |
| tand (de) | tann (m/f) | ['tan] |
| lippen (mv.) | lepper (m/f pl) | ['lepər] |
| jukbeenderen (mv.) | kinnbein (n pl) | ['çin‚bæjn] |
| tandvlees (het) | tannkjøtt (n) | ['tan‚çœt] |
| gehemelte (het) | gane (m) | ['ganə] |
| neusgaten (mv.) | nesebor (n pl) | ['nesə‚bʊr] |
| kin (de) | hake (m/f) | ['hakə] |
| kaak (de) | kjeve (m) | ['çɛvə] |
| wang (de) | kinn (n) | ['çin] |
| voorhoofd (het) | panne (m/f) | ['panə] |
| slaap (de) | tinning (m) | ['tiniŋ] |
| oor (het) | øre (n) | ['ørə] |
| achterhoofd (het) | bakhode (n) | ['bak‚hodə] |
| hals (de) | hals (m) | ['hals] |
| keel (de) | strupe, hals (m) | ['strʉpə], ['hals] |
| haren (mv.) | hår (n pl) | ['hɔr] |
| kapsel (het) | frisyre (m) | [fri'syrə] |
| haarsnit (de) | hårfasong (m) | ['hoːrfa‚sɔŋ] |
| pruik (de) | parykk (m) | [pa'rʏk] |
| snor (de) | mustasje (m) | [mʉ'staʂə] |
| baard (de) | skjegg (n) | ['ʂɛg] |
| dragen (een baard, enz.) | å ha | [ɔ 'ha] |
| vlecht (de) | flette (m/f) | ['fletə] |
| bakkebaarden (mv.) | bakkenbarter (pl) | ['bakən‚baːʈər] |
| ros (roodachtig, rossig) | rødhåret | ['rø‚hoːrət] |
| grijs (~ haar) | grå | ['grɔ] |

| kaal (bn) | skallet | ['skalət] |
| kale plek (de) | skallet flekk (m) | ['skalət ,flek] |

| paardenstaart (de) | hestehale (m) | ['hɛstə,halə] |
| pony (de) | pannelugg (m) | ['panə,lʉg] |

## 25. Menselijk lichaam

| hand (de) | hånd (m/f) | ['hɔn] |
| arm (de) | arm (m) | ['arm] |

| vinger (de) | finger (m) | ['fiŋər] |
| teen (de) | tå (m/f) | ['tɔ] |
| duim (de) | tommel (m) | ['tɔməl] |
| pink (de) | lillefinger (m) | ['lilə,fiŋər] |
| nagel (de) | negl (m) | ['nɛjl] |

| vuist (de) | knyttneve (m) | ['knʏt,nevə] |
| handpalm (de) | håndflate (m/f) | ['hɔn,flatə] |
| pols (de) | håndledd (n) | ['hɔn,led] |
| voorarm (de) | underarm (m) | ['ʉnər,arm] |
| elleboog (de) | albue (m) | ['al,bʉə] |
| schouder (de) | skulder (m) | ['skʉldər] |

| been (rechter ~) | bein (n) | ['bæjn] |
| voet (de) | fot (m) | ['fʊt] |
| knie (de) | kne (n) | ['knɛ] |
| kuit (de) | legg (m) | ['leg] |
| heup (de) | hofte (m) | ['hɔftə] |
| hiel (de) | hæl (m) | ['hæl] |

| lichaam (het) | kropp (m) | ['krɔp] |
| buik (de) | mage (m) | ['magə] |
| borst (de) | bryst (n) | ['brʏst] |
| borst (de) | bryst (n) | ['brʏst] |
| zijde (de) | side (m/f) | ['sidə] |
| rug (de) | rygg (m) | ['rʏg] |
| lage rug (de) | korsrygg (m) | ['kɔːʂ,rʏg] |
| taille (de) | liv (n), midje (m/f) | ['liv], ['midjə] |

| navel (de) | navle (m) | ['navlə] |
| billen (mv.) | rumpeballer (m pl) | ['rʉmpə,balər] |
| achterwerk (het) | bak (m) | ['bak] |

| huidvlek (de) | føflekk (m) | ['føˌflek] |
| moedervlek (de) | fødselsmerke (n) | ['føtsəls,mærke] |
| tatoeage (de) | tatovering (m/f) | [tatʉ'veriŋ] |
| litteken (het) | arr (n) | ['ar] |

# Kleding en accessoires

## 26. Bovenkleding. Jassen

| | | |
|---|---|---|
| kleren (mv.), kleding (de) | klær (n) | ['klær] |
| bovenkleding (de) | yttertøy (n) | ['ytəˌtøj] |
| winterkleding (de) | vinterklær (n pl) | ['vintərˌklær] |
| | | |
| jas (de) | frakk (m), kåpe (m/f) | ['frɑk], ['koːpə] |
| bontjas (de) | pels (m), pelskåpe (m/f) | ['pɛls], ['pɛlsˌkoːpə] |
| bontjasje (het) | pelsjakke (m/f) | ['pɛlsˌjakə] |
| donzen jas (de) | dunjakke (m/f) | ['dʉnˌjakə] |
| | | |
| jasje (bijv. een leren ~) | jakke (m/f) | ['jakə] |
| regenjas (de) | regnfrakk (m) | ['ræjnˌfrɑk] |
| waterdicht (bn) | vanntett | ['vɑnˌtɛt] |

## 27. Heren & dames kleding

| | | |
|---|---|---|
| overhemd (het) | skjorte (m/f) | ['ʂœːʈə] |
| broek (de) | bukse (m) | ['bʉksə] |
| jeans (de) | jeans (m) | ['dʒins] |
| colbert (de) | dressjakke (m/f) | ['drɛsˌjakə] |
| kostuum (het) | dress (m) | ['drɛs] |
| | | |
| jurk (de) | kjole (m) | ['çulə] |
| rok (de) | skjørt (n) | ['ʂøːʈ] |
| blouse (de) | bluse (m) | ['blʉsə] |
| wollen vest (de) | strikket trøye (m/f) | ['strikə 'trøjə] |
| blazer (kort jasje) | blazer (m) | ['blæsər] |
| | | |
| T-shirt (het) | T-skjorte (m/f) | ['teˌʂœːʈə] |
| shorts (mv.) | shorts (m) | ['ʂɔːʦ] |
| trainingspak (het) | treningsdrakt (m/f) | ['treniŋsˌdrɑkt] |
| badjas (de) | badekåpe (m/f) | ['badəˌkoːpə] |
| pyjama (de) | pyjamas (m) | [py'ʂɑmɑs] |
| | | |
| sweater (de) | sweater (m) | ['svɛtər] |
| pullover (de) | pullover (m) | [pʉ'lɔvər] |
| | | |
| gilet (het) | vest (m) | ['vɛst] |
| rokkostuum (het) | livkjole (m) | ['livˌçulə] |
| smoking (de) | smoking (m) | ['smɔkiŋ] |
| | | |
| uniform (het) | uniform (m) | [ʉni'fɔrm] |
| werkkleding (de) | arbeidsklær (n pl) | ['ɑrbæjdsˌklær] |
| overall (de) | kjeledress, overall (m) | ['çeləˌdrɛs], ['ɔvɛrˌɔl] |
| doktersjas (de) | kittel (m) | ['çitəl] |

## 28. Kleding. Ondergoed

| | | |
|---|---|---|
| ondergoed (het) | **undertøy** (n) | ['ʉnəˌtøj] |
| herenslip (de) | **underbukse** (m/f) | ['ʉnərˌbʉksə] |
| slipjes (mv.) | **truse** (m/f) | ['trʉsə] |
| onderhemd (het) | **undertrøye** (m/f) | ['ʉnəˌtrøjə] |
| sokken (mv.) | **sokker** (m pl) | ['sɔkər] |
| | | |
| nachthemd (het) | **nattkjole** (m) | ['natˌçʉlə] |
| beha (de) | **behå** (m) | ['bəˌhɔ] |
| kniekousen (mv.) | **knestrømper** (m/f pl) | ['knɛˌstrømpər] |
| panty (de) | **strømpebukse** (m/f) | ['strømpəˌbʉksə] |
| nylonkousen (mv.) | **strømper** (m/f pl) | ['strømpər] |
| badpak (het) | **badedrakt** (m/f) | ['badəˌdrakt] |

## 29. Hoofddeksels

| | | |
|---|---|---|
| hoed (de) | **hatt** (m) | ['hat] |
| deukhoed (de) | **hatt** (m) | ['hat] |
| honkbalpet (de) | **baseball cap** (m) | ['bɛjsbɔl kɛp] |
| kleppet (de) | **sikspens** (m) | ['sikspens] |
| | | |
| baret (de) | **alpelue, baskerlue** (m/f) | ['alpəˌlʉə], ['baskəˌlʉə] |
| kap (de) | **hette** (m/f) | ['hɛtə] |
| panamahoed (de) | **panamahatt** (m) | ['panamaˌhat] |
| gebreide muts (de) | **strikket lue** (m/f) | ['strikəˌlʉə] |
| | | |
| hoofddoek (de) | **skaut** (n) | ['skaʉt] |
| dameshoed (de) | **hatt** (m) | ['hat] |
| | | |
| veiligheidshelm (de) | **hjelm** (m) | ['jɛlm] |
| veldmuts (de) | **båtlue** (m/f) | ['bɔtˌlʉə] |
| helm, valhelm (de) | **hjelm** (m) | ['jɛlm] |
| | | |
| bolhoed (de) | **bowlerhatt, skalk** (m) | ['boulerˌhat], ['skalk] |
| hoge hoed (de) | **flosshatt** (m) | ['flɔsˌhat] |

## 30. Schoeisel

| | | |
|---|---|---|
| schoeisel (het) | **skotøy** (n) | ['skʉtøj] |
| schoenen (mv.) | **skor** (m pl) | ['skʉr] |
| vrouwenschoenen (mv.) | **pumps** (m pl) | ['pʉmps] |
| laarzen (mv.) | **støvler** (m pl) | ['støvlər] |
| pantoffels (mv.) | **tøfler** (m pl) | ['tøflər] |
| | | |
| sportschoenen (mv.) | **tennissko** (m pl) | ['tɛnisˌskʉ] |
| sneakers (mv.) | **canvas sko** (m pl) | ['kanvas ˌskʉ] |
| sandalen (mv.) | **sandaler** (m pl) | [san'dalər] |
| | | |
| schoenlapper (de) | **skomaker** (m) | ['skʉˌmakər] |
| hiel (de) | **hæl** (m) | ['hæl] |

| | | |
|---|---|---|
| paar (een ~ schoenen) | par (n) | ['par] |
| veter (de) | skolisse (m/f) | ['skʉˌlisə] |
| rijgen (schoenen ~) | å snøre | [ɔ 'snørə] |
| schoenlepel (de) | skohorn (n) | ['skʉˌhuːn] |
| schoensmeer (de/het) | skokrem (m) | ['skʉˌkrɛm] |

## 31. Persoonlijke accessoires

| | | |
|---|---|---|
| handschoenen (mv.) | hansker (m pl) | ['hanskər] |
| wanten (mv.) | votter (m pl) | ['votər] |
| sjaal (fleece ~) | skjerf (n) | ['şærf] |
| bril (de) | briller (m pl) | ['brilər] |
| brilmontuur (het) | innfatning (m/f) | ['inˌfatniŋ] |
| paraplu (de) | paraply (m) | [para'ply] |
| wandelstok (de) | stokk (m) | ['stok] |
| haarborstel (de) | hårbørste (m) | ['hɔrˌbœştə] |
| waaier (de) | vifte (m/f) | ['viftə] |
| das (de) | slips (n) | ['slips] |
| strikje (het) | sløyfe (m/f) | ['şløjfə] |
| bretels (mv.) | bukseseler (m pl) | ['bʉksə'selər] |
| zakdoek (de) | lommetørkle (n) | ['lʉməˌtœrklə] |
| kam (de) | kam (m) | ['kam] |
| haarspeldje (het) | hårspenne (m/f/n) | ['hoːrˌspɛnə] |
| schuifspeldje (het) | hårnål (m/f) | ['hoːrˌnol] |
| gesp (de) | spenne (m/f/n) | ['spɛnə] |
| broekriem (de) | belte (m) | ['bɛltə] |
| draagriem (de) | skulderreim, rem (m/f) | ['skʉldəˌræjm], ['rem] |
| handtas (de) | veske (m/f) | ['vɛskə] |
| damestas (de) | håndveske (m/f) | ['hɔnˌvɛskə] |
| rugzak (de) | ryggsekk (m) | ['rygˌsɛk] |

## 32. Kleding. Diversen

| | | |
|---|---|---|
| mode (de) | mote (m) | ['mʉtə] |
| de mode (bn) | moteriktig | ['mʉtəˌrikti] |
| kledingstilist (de) | moteskaper (m) | ['mʉtəˌskapər] |
| kraag (de) | krage (m) | ['kragə] |
| zak (de) | lomme (m/f) | ['lʉmə] |
| zak- (abn) | lomme- | ['lʉmə-] |
| mouw (de) | erme (n) | ['ærmə] |
| lusje (het) | hempe (m) | ['hɛmpə] |
| gulp (de) | gylf, buksesmekk (m) | ['gylf], ['bʉksəˌsmɛk] |
| rits (de) | glidelås (m/n) | ['glidəˌlɔs] |
| sluiting (de) | hekte (m/f), knepping (m) | ['hɛktə], ['knɛpiŋ] |
| knoop (de) | knapp (m) | ['knap] |

| | | |
|---|---|---|
| knoopsgat (het) | klapphull (n) | ['klap,hʉl] |
| losraken (bijv. knopen) | å falle av | [ɔ 'falə ɑ:] |

| | | |
|---|---|---|
| naaien (kleren, enz.) | å sy | [ɔ 'sy] |
| borduren (ww) | å brodere | [ɔ brʉ'derə] |
| borduursel (het) | broderi (n) | [brʉde'ri] |
| naald (de) | synål (m/f) | ['sy,nɔl] |
| draad (de) | tråd (m) | ['trɔ] |
| naad (de) | søm (m) | ['søm] |

| | | |
|---|---|---|
| vies worden (ww) | å skitne seg til | [ɔ 'ʂitnə sæj til] |
| vlek (de) | flekk (m) | ['flek] |
| gekreukt raken (ov. kleren) | å bli skrukkete | [ɔ 'bli 'skrʉketə] |
| scheuren (ov.ww.) | å rive | [ɔ 'rivə] |
| mot (de) | møll (m/n) | ['møl] |

## 33. Persoonlijke verzorging. Schoonheidsmiddelen

| | | |
|---|---|---|
| tandpasta (de) | tannpasta (m) | ['tan,pasta] |
| tandenborstel (de) | tannbørste (m) | ['tan,bœʂtə] |
| tanden poetsen (ww) | å pusse tennene | [ɔ 'pʉsə 'tɛnənə] |

| | | |
|---|---|---|
| scheermes (het) | høvel (m) | ['høvəl] |
| scheerschuim (het) | barberkrem (m) | [bar'bɛr,krɛm] |
| zich scheren (ww) | å barbere seg | [ɔ bar'berə sæj] |

| | | |
|---|---|---|
| zeep (de) | såpe (m/f) | ['so:pə] |
| shampoo (de) | sjampo (m) | ['ʂam,pʉ] |

| | | |
|---|---|---|
| schaar (de) | saks (m/f) | ['saks] |
| nagelvijl (de) | neglefil (m/f) | ['nɛjlə,fil] |
| nagelknipper (de) | negleklipper (m) | ['nɛjlə,klipər] |
| pincet (het) | pinsett (m) | [pin'sɛt] |

| | | |
|---|---|---|
| cosmetica (de) | kosmetikk (m) | [kʉsme'tik] |
| masker (het) | ansiktsmaske (m/f) | ['ɑnsikts,maskə] |
| manicure (de) | manikyr (m) | [mani'kyr] |
| manicure doen | å få manikyr | [ɔ 'fɔ mani'kyr] |
| pedicure (de) | pedikyr (m) | [pedi'kyr] |

| | | |
|---|---|---|
| cosmetica tasje (het) | sminkeveske (m/f) | ['sminkə,vɛskə] |
| poeder (de/het) | pudder (n) | ['pʉdər] |
| poederdoos (de) | pudderdåse (m) | ['pʉdər,do:sə] |
| rouge (de) | rouge (m) | ['ru:ʂ] |

| | | |
|---|---|---|
| parfum (de/het) | parfyme (m) | [par'fymə] |
| eau de toilet (de) | eau de toilette (m) | ['ɔ: də twa'let] |
| lotion (de) | lotion (m) | ['loʉʂɛn] |
| eau de cologne (de) | eau de cologne (m) | ['ɔ: də kɔ'lɔn] |

| | | |
|---|---|---|
| oogschaduw (de) | øyeskygge (m) | ['øjə,ʂygə] |
| oogpotlood (het) | eyeliner (m) | ['ɑ:j,lajnər] |
| mascara (de) | maskara (m) | [ma'skara] |
| lippenstift (de) | leppestift (m) | ['lepə,stift] |

| nagellak (de) | neglelakk (m) | ['nɛjlə‚lak] |
| haarlak (de) | hårlakk (m) | ['ho:r‚lak] |
| deodorant (de) | deodorant (m) | [deudʊ'rant] |

| crème (de) | krem (m) | ['krɛm] |
| gezichtscrème (de) | ansiktskrem (m) | ['ansikts‚krɛm] |
| handcrème (de) | håndkrem (m) | ['hɔn‚krɛm] |
| antirimpelcrème (de) | antirynkekrem (m) | [anti'rʏnkə‚krɛm] |
| dagcrème (de) | dagkrem (m) | ['dag‚krɛm] |
| nachtcrème (de) | nattkrem (m) | ['nat‚krɛm] |
| dag- (abn) | dag- | ['dag-] |
| nacht- (abn) | natt- | ['nat-] |

| tampon (de) | tampong (m) | [tam'pɔŋ] |
| toiletpapier (het) | toalettpapir (n) | [tʊa'let pa'pir] |
| föhn (de) | hårføner (m) | ['ho:r‚fønər] |

## 34. Horloges. Klokken

| polshorloge (het) | armbåndsur (n) | ['armbɔns‚ʉr] |
| wijzerplaat (de) | urskive (m/f) | ['ʉ:‚ʂivə] |
| wijzer (de) | viser (m) | ['visər] |
| metalen horlogeband (de) | armbånd (n) | ['arm‚bɔn] |
| horlogebandje (het) | rem (m/f) | ['rem] |

| batterij (de) | batteri (n) | [batɛ'ri] |
| leeg zijn (ww) | å bli utladet | [ɔ 'bli 'ʉt‚ladət] |
| batterij vervangen | å skifte batteriene | [ɔ 'siftə batɛ'riene] |
| voorlopen (ww) | å gå for fort | [ɔ 'gɔ fɔ 'fɔ:t] |
| achterlopen (ww) | å gå for sakte | [ɔ 'gɔ fɔ 'saktə] |

| wandklok (de) | veggur (n) | ['vɛg‚ʉr] |
| zandloper (de) | timeglass (n) | ['timə‚glas] |
| zonnewijzer (de) | solur (n) | ['sʊl‚ʉr] |
| wekker (de) | vekkerklokka (m/f) | ['vɛkər‚klɔka] |
| horlogemaker (de) | urmaker (m) | ['ʉr‚makər] |
| repareren (ww) | å reparere | [ɔ repa'rerə] |

# Voedsel. Voeding

## 35. Voedsel

| vlees (het) | kjøtt (n) | ['çœt] |
| kip (de) | høne (m/f) | ['hønə] |
| kuiken (het) | kylling (m) | ['çyliŋ] |
| eend (de) | and (m/f) | ['an] |
| gans (de) | gås (m/f) | ['gɔs] |
| wild (het) | vilt (n) | ['vilt] |
| kalkoen (de) | kalkun (m) | [kal'kʉn] |

| varkensvlees (het) | svinekjøtt (n) | ['svinə,çœt] |
| kalfsvlees (het) | kalvekjøtt (n) | ['kalvə,çœt] |
| schapenvlees (het) | fårekjøtt (n) | ['fo:rə,çœt] |
| rundvlees (het) | oksekjøtt (n) | ['ɔksə,çœt] |
| konijnenvlees (het) | kanin (m) | [ka'nin] |

| worst (de) | pølse (m/f) | ['pølsə] |
| saucijs (de) | wienerpølse (m/f) | ['vinər,pølsə] |
| spek (het) | bacon (n) | ['bɛjkən] |
| ham (de) | skinke (m) | ['şinkə] |
| gerookte achterham (de) | skinke (m) | ['şinkə] |

| paté, pastei (de) | pate, paté (m) | [pɑ'te] |
| lever (de) | lever (m) | ['levər] |
| gehakt (het) | kjøttfarse (m) | ['çœt,farşə] |
| tong (de) | tunge (m/f) | ['tʉŋə] |

| ei (het) | egg (n) | ['ɛg] |
| eieren (mv.) | egg (n pl) | ['ɛg] |
| eiwit (het) | eggehvite (m) | ['ɛgə,vitə] |
| eigeel (het) | plomme (m/f) | ['plʉmə] |

| vis (de) | fisk (m) | ['fisk] |
| zeevruchten (mv.) | sjømat (m) | ['şø,mat] |
| schaaldieren (mv.) | krepsdyr (n pl) | ['krɛps,dyr] |
| kaviaar (de) | kaviar (m) | ['kɑvi,ɑr] |

| krab (de) | krabbe (m) | ['krabə] |
| garnaal (de) | reke (m/f) | ['rekə] |
| oester (de) | østers (m) | ['østəş] |
| langoest (de) | langust (m) | [laŋ'gʉst] |
| octopus (de) | blekksprut (m) | ['blek,sprʉt] |
| inktvis (de) | blekksprut (m) | ['blek,sprʉt] |

| steur (de) | stør (m) | ['stør] |
| zalm (de) | laks (m) | ['laks] |
| heilbot (de) | kveite (m/f) | ['kvæjtə] |
| kabeljauw (de) | torsk (m) | ['tɔşk] |

| | | |
|---|---|---|
| makreel (de) | makrell (m) | ['maˈkrɛl] |
| tonijn (de) | tunfisk (m) | ['tʉnˌfisk] |
| paling (de) | ål (m) | ['ɔl] |

| | | |
|---|---|---|
| forel (de) | ørret (m) | ['øret] |
| sardine (de) | sardin (m) | [saːˈdin] |
| snoek (de) | gjedde (m/f) | ['jɛdə] |
| haring (de) | sild (m/f) | ['sil] |

| | | |
|---|---|---|
| brood (het) | brød (n) | ['brø] |
| kaas (de) | ost (m) | ['ʊst] |
| suiker (de) | sukker (n) | ['sʉkər] |
| zout (het) | salt (n) | ['salt] |

| | | |
|---|---|---|
| rijst (de) | ris (m) | ['ris] |
| pasta (de) | pasta, makaroni (m) | ['pasta], [makaˈrʊni] |
| noedels (mv.) | nudler (m pl) | ['nʉdlər] |

| | | |
|---|---|---|
| boter (de) | smør (n) | ['smør] |
| plantaardige olie (de) | vegetabilsk olje (m) | [vegetaˈbilsk ˌɔljə] |
| zonnebloemolie (de) | solsikkeolje (m) | ['sʊlsikeˌɔljə] |
| margarine (de) | margarin (m) | [margaˈrin] |

| | | |
|---|---|---|
| olijven (mv.) | olivener (m pl) | [ʊˈlivenər] |
| olijfolie (de) | olivenolje (m) | [ʊˈlivənˌɔljə] |

| | | |
|---|---|---|
| melk (de) | melk (m/f) | ['mɛlk] |
| gecondenseerde melk (de) | kondensert melk (m/f) | [kʉndənˈseːt ˌmɛlk] |
| yoghurt (de) | jogurt (m) | ['jɔgʉːt] |
| zure room (de) | rømme, syrnet fløte (m) | ['rœmə], ['syːɳet 'fløtə] |
| room (de) | fløte (m) | ['fløtə] |

| | | |
|---|---|---|
| mayonaise (de) | majones (m) | [majoˈnɛs] |
| crème (de) | krem (m) | ['krɛm] |

| | | |
|---|---|---|
| graan (het) | gryn (n) | ['gryn] |
| meel (het), bloem (de) | mel (n) | ['mel] |
| conserven (mv.) | hermetikk (m) | [hɛrmeˈtik] |

| | | |
|---|---|---|
| maïsvlokken (mv.) | cornflakes (m) | ['kɔːɳˌflejks] |
| honing (de) | honning (m) | ['hɔniŋ] |
| jam (de) | syltetøy (n) | ['syltəˌtøj] |
| kauwgom (de) | tyggegummi (m) | ['tygəˌgʉmi] |

## 36. Drankjes

| | | |
|---|---|---|
| water (het) | vann (n) | ['van] |
| drinkwater (het) | drikkevann (n) | ['drikəˌvan] |
| mineraalwater (het) | mineralvann (n) | [minəˈralˌvan] |

| | | |
|---|---|---|
| zonder gas | uten kullsyre | ['ʉtən kʉlˈsyrə] |
| koolzuurhoudend (bn) | kullsyret | [kʉlˈsyrət] |
| bruisend (bn) | med kullsyre | [me kʉlˈsyrə] |
| IJs (het) | is (m) | ['is] |

| | | |
|---|---|---|
| met ijs | med is | [me 'is] |
| alcohol vrij (bn) | alkoholfri | ['alkʊhʊlˌfri] |
| alcohol vrije drank (de) | alkoholfri drikk (m) | ['alkʊhʊlˌfri drik] |
| frisdrank (de) | leskedrikk (m) | ['leskəˌdrik] |
| limonade (de) | limonade (m) | [limɔ'nadə] |
| | | |
| alcoholische dranken (mv.) | rusdrikker (m pl) | ['rʉsˌdrikər] |
| wijn (de) | vin (m) | ['vin] |
| witte wijn (de) | hvitvin (m) | ['vitˌvin] |
| rode wijn (de) | rødvin (m) | ['røˌvin] |
| | | |
| likeur (de) | likør (m) | [li'kør] |
| champagne (de) | champagne (m) | [ʂam'panjə] |
| vermout (de) | vermut (m) | ['værmʉt] |
| | | |
| whisky (de) | whisky (m) | ['viski] |
| wodka (de) | vodka (m) | ['vɔdka] |
| gin (de) | gin (m) | ['dʒin] |
| cognac (de) | konjakk (m) | ['kʊnjak] |
| rum (de) | rom (m) | ['rʊm] |
| | | |
| koffie (de) | kaffe (m) | ['kafə] |
| zwarte koffie (de) | svart kaffe (m) | ['svaːʈ 'kafə] |
| koffie (de) met melk | kaffe (m) med melk | ['kafə me 'mɛlk] |
| cappuccino (de) | cappuccino (m) | [kapʊ'tʃinɔ] |
| oploskoffie (de) | pulverkaffe (m) | ['pʉlvərˌkafə] |
| | | |
| melk (de) | melk (m/f) | ['mɛlk] |
| cocktail (de) | cocktail (m) | ['kɔkˌtɛjl] |
| milkshake (de) | milkshake (m) | ['milkˌʂɛjk] |
| | | |
| sap (het) | jus, juice (m) | ['dʒʉs] |
| tomatensap (het) | tomatjuice (m) | [tʊ'matˌdʒʉs] |
| sinaasappelsap (het) | appelsinjuice (m) | [apel'sinˌdʒʉs] |
| vers geperst sap (het) | nypresset juice (m) | ['nyˌprɛsə 'dʒʉs] |
| | | |
| bier (het) | øl (m/n) | ['øl] |
| licht bier (het) | lettøl (n) | ['letˌøl] |
| donker bier (het) | mørkt øl (n) | ['mœrktˌøl] |
| | | |
| thee (de) | te (m) | ['te] |
| zwarte thee (de) | svart te (m) | ['svaːʈ ˌte] |
| groene thee (de) | grønn te (m) | ['grœn ˌte] |

## 37. Groenten

| | | |
|---|---|---|
| groenten (mv.) | grønnsaker (m pl) | ['grœnˌsakər] |
| verse kruiden (mv.) | grønnsaker (m pl) | ['grœnˌsakər] |
| | | |
| tomaat (de) | tomat (m) | [tʊ'mat] |
| augurk (de) | agurk (m) | [a'gʉrk] |
| wortel (de) | gulrot (m/f) | ['gʉlˌrʊt] |
| aardappel (de) | potet (m/f) | [pʊ'tet] |
| ui (de) | løk (m) | ['løk] |

| | | |
|---|---|---|
| knoflook (de) | hvitløk (m) | ['vit,løk] |
| kool (de) | kål (m) | ['kɔl] |
| bloemkool (de) | blomkål (m) | ['blɔm,kɔl] |
| spruitkool (de) | rosenkål (m) | ['rʊsən,kɔl] |
| broccoli (de) | brokkoli (m) | ['brɔkɔli] |
| rode biet (de) | rødbete (m/f) | ['rø,betə] |
| aubergine (de) | aubergine (m) | [ɔbɛr'ʂin] |
| courgette (de) | squash (m) | ['skvɔʂ] |
| pompoen (de) | gresskar (n) | ['grɛskɑr] |
| raap (de) | nepe (m/f) | ['nepə] |
| peterselie (de) | persille (m/f) | [pæ'ʂilə] |
| dille (de) | dill (m) | ['dil] |
| sla (de) | salat (m) | [sɑ'lɑt] |
| selderij (de) | selleri (m/n) | [sɛle,ri] |
| asperge (de) | asparges (m) | [ɑ'spɑrʂəs] |
| spinazie (de) | spinat (m) | [spi'nɑt] |
| erwt (de) | erter (m pl) | ['æːṭər] |
| bonen (mv.) | bønner (m/f pl) | ['bœnər] |
| maïs (de) | mais (m) | ['mɑis] |
| boon (de) | bønne (m/f) | ['bœnə] |
| peper (de) | pepper (m) | ['pɛpər] |
| radijs (de) | reddik (m) | ['rɛdik] |
| artisjok (de) | artisjokk (m) | [,ɑːṭi'ʂɔk] |

## 38. Vruchten. Noten

| | | |
|---|---|---|
| vrucht (de) | frukt (m/f) | ['frʉkt] |
| appel (de) | eple (n) | ['ɛplə] |
| peer (de) | pære (m/f) | ['pærə] |
| citroen (de) | sitron (m) | [si'trʊn] |
| sinaasappel (de) | appelsin (m) | [ɑpel'sin] |
| aardbei (de) | jordbær (n) | ['juːr,bær] |
| mandarijn (de) | mandarin (m) | [mɑndɑ'rin] |
| pruim (de) | plomme (m/f) | ['plʊmə] |
| perzik (de) | fersken (m) | ['fæʂkən] |
| abrikoos (de) | aprikos (m) | [ɑpri'kʊs] |
| framboos (de) | bringebær (n) | ['briŋə,bær] |
| ananas (de) | ananas (m) | ['ɑnɑnɑs] |
| banaan (de) | banan (m) | [bɑ'nɑn] |
| watermeloen (de) | vannmelon (m) | ['vɑnme,lʊn] |
| druif (de) | drue (m) | ['drʉə] |
| zure kers (de) | kirsebær (n) | ['çiʂə,bær] |
| zoete kers (de) | morell (m) | [mʊ'rɛl] |
| meloen (de) | melon (m) | [me'lun] |
| grapefruit (de) | grapefrukt (m/f) | ['grɛjp,frʉkt] |
| avocado (de) | avokado (m) | [ɑvɔ'kɑdɔ] |
| papaja (de) | papaya (m) | [pɑ'pɑja] |

| | | |
|---|---|---|
| mango (de) | **mango** (m) | ['mɑŋu] |
| granaatappel (de) | **granateple** (n) | [grɑ'nɑtˌɛplə] |

| | | |
|---|---|---|
| rode bes (de) | **rips** (m) | ['rips] |
| zwarte bes (de) | **solbær** (n) | ['sʊlˌbær] |
| kruisbes (de) | **stikkelsbær** (n) | ['stikəlsˌbær] |
| bosbes (de) | **blåbær** (n) | ['blɔˌbær] |
| braambes (de) | **bjørnebær** (m) | ['bjœːn̞əˌbær] |

| | | |
|---|---|---|
| rozijn (de) | **rosin** (m) | [rʊ'sin] |
| vijg (de) | **fiken** (m) | ['fikən] |
| dadel (de) | **daddel** (m) | ['dɑdəl] |

| | | |
|---|---|---|
| pinda (de) | **jordnøtt** (m) | ['juːrˌnœt] |
| amandel (de) | **mandel** (m) | ['mɑndəl] |
| walnoot (de) | **valnøtt** (m/f) | ['vɑlˌnœt] |
| hazelnoot (de) | **hasselnøtt** (m/f) | ['hɑsəlˌnœt] |
| kokosnoot (de) | **kokosnøtt** (m/f) | ['kʊkʊsˌnœt] |
| pistaches (mv.) | **pistasier** (m pl) | [pi'stɑşiər] |

## 39. Brood. Snoep

| | | |
|---|---|---|
| suikerbakkerij (de) | **bakevarer** (m/f pl) | ['bɑkəˌvɑrər] |
| brood (het) | **brød** (n) | ['brø] |
| koekje (het) | **kjeks** (m) | ['çɛks] |

| | | |
|---|---|---|
| chocolade (de) | **sjokolade** (m) | [şʊkʊ'lɑdə] |
| chocolade- (abn) | **sjokolade-** | [şʊkʊ'lɑdə-] |
| snoepje (het) | **sukkertøy** (n), **karamell** (m) | ['sɜkeːˌtøj], [kɑrɑ'mɛl] |
| cakeje (het) | **kake** (m/f) | ['kɑkə] |
| taart (bijv. verjaardags~) | **bløtkake** (m/f) | ['bløtˌkɑkə] |

| | | |
|---|---|---|
| pastei (de) | **pai** (m) | ['pɑj] |
| vulling (de) | **fyll** (m/n) | ['fʏl] |

| | | |
|---|---|---|
| confituur (de) | **syltetøy** (n) | ['syltəˌtøj] |
| marmelade (de) | **marmelade** (m) | [mɑrme'lɑdə] |
| wafel (de) | **vaffel** (m) | ['vɑfəl] |
| IJsje (het) | **iskrem** (m) | ['iskrɛm] |
| pudding (de) | **pudding** (m) | ['pɜdiŋ] |

## 40. Bereide gerechten

| | | |
|---|---|---|
| gerecht (het) | **rett** (m) | ['rɛt] |
| keuken (bijv. Franse ~) | **kjøkken** (n) | ['çœkən] |
| recept (het) | **oppskrift** (m) | ['ɔpˌskrift] |
| portie (de) | **porsjon** (m) | [pɔ'şun] |

| | | |
|---|---|---|
| salade (de) | **salat** (m) | [sɑ'lɑt] |
| soep (de) | **suppe** (m/f) | ['sɜpə] |
| bouillon (de) | **buljong** (m) | [bu'ljɔŋ] |
| boterham (de) | **smørbrød** (n) | ['smørˌbrø] |

| | | |
|---|---|---|
| spiegelei (het) | speilegg (n) | ['spæjl,ɛg] |
| hamburger (de) | hamburger (m) | ['hamburgər] |
| biefstuk (de) | biff (m) | ['bif] |

| | | |
|---|---|---|
| garnering (de) | tilbehør (n) | ['tilbə,hør] |
| spaghetti (de) | spagetti (m) | [spa'gɛti] |
| aardappelpuree (de) | potetmos (m) | [pu'tet,mus] |
| pizza (de) | pizza (m) | ['pitsa] |
| pap (de) | grøt (m) | ['grøt] |
| omelet (de) | omelett (m) | [ɔmə'let] |

| | | |
|---|---|---|
| gekookt (in water) | kokt | ['kukt] |
| gerookt (bn) | røkt | ['røkt] |
| gebakken (bn) | stekt | ['stɛkt] |
| gedroogd (bn) | tørket | ['tœrkət] |
| diepvries (bn) | frossen, dypfryst | ['frɔsən], ['dyp,frʏst] |
| gemarineerd (bn) | syltet | ['sʏltət] |

| | | |
|---|---|---|
| zoet (bn) | søt | ['søt] |
| gezouten (bn) | salt | ['salt] |
| koud (bn) | kald | ['kal] |
| heet (bn) | het, varm | ['het], ['varm] |
| bitter (bn) | bitter | ['bitər] |
| lekker (bn) | lekker | ['lekər] |

| | | |
|---|---|---|
| koken (in kokend water) | å koke | [ɔ 'kukə] |
| bereiden (avondmaaltijd ~) | å lage | [ɔ 'lagə] |
| bakken (ww) | å steke | [ɔ 'stekə] |
| opwarmen (ww) | å varme opp | [ɔ 'varmə ɔp] |

| | | |
|---|---|---|
| zouten (ww) | å salte | [ɔ 'saltə] |
| peperen (ww) | å pepre | [ɔ 'pɛprə] |
| raspen (ww) | å rive | [ɔ 'rivə] |
| schil (de) | skall (n) | ['skal] |
| schillen (ww) | å skrelle | [ɔ 'skrɛlə] |

## 41. Kruiden

| | | |
|---|---|---|
| zout (het) | salt (n) | ['salt] |
| gezouten (bn) | salt | ['salt] |
| zouten (ww) | å salte | [ɔ 'saltə] |

| | | |
|---|---|---|
| zwarte peper (de) | svart pepper (m) | ['sva:t̪ 'pɛpər] |
| rode peper (de) | rød pepper (m) | ['rø 'pɛpər] |
| mosterd (de) | sennep (m) | ['sɛnəp] |
| mierikswortel (de) | pepperrot (m/f) | ['pɛpər,rut] |

| | | |
|---|---|---|
| condiment (het) | krydder (n) | ['krʏdər] |
| specerij , kruiderij (de) | krydder (n) | ['krʏdər] |
| saus (de) | saus (m) | ['saus] |
| azijn (de) | eddik (m) | ['ɛdik] |

| | | |
|---|---|---|
| anijs (de) | anis (m) | ['anis] |
| basilicum (de) | basilik (m) | [basi'lik] |

| | | |
|---|---|---|
| kruidnagel (de) | nellik (m) | ['nɛlik] |
| gember (de) | ingefær (m) | ['iŋə‚fær] |
| koriander (de) | koriander (m) | [kʊri'andər] |
| kaneel (de/het) | kanel (m) | [ka'nel] |

| | | |
|---|---|---|
| sesamzaad (het) | sesam (m) | ['sesam] |
| laurierblad (het) | laurbærblad (n) | ['laʊrbær‚bla] |
| paprika (de) | paprika (m) | ['paprika] |
| komijn (de) | karve, kummin (m) | ['karvə], ['kʉmin] |
| saffraan (de) | safran (m) | [sa'fran] |

## 42. Maaltijden

| | | |
|---|---|---|
| eten (het) | mat (m) | ['mat] |
| eten (ww) | å spise | [ɔ 'spisə] |

| | | |
|---|---|---|
| ontbijt (het) | frokost (m) | ['frʊkɔst] |
| ontbijten (ww) | å spise frokost | [ɔ 'spisə ‚frʊkɔst] |
| lunch (de) | lunsj, lunch (m) | ['lʉnʂ] |
| lunchen (ww) | å spise lunsj | [ɔ 'spisə ‚lʉnʂ] |
| avondeten (het) | middag (m) | ['mi‚da] |
| souperen (ww) | å spise middag | [ɔ 'spisə 'mi‚da] |

| | | |
|---|---|---|
| eetlust (de) | appetitt (m) | [ape'tit] |
| Eet smakelijk! | God appetitt! | ['gʊ ape'tit] |

| | | |
|---|---|---|
| openen (een fles ~) | å åpne | [ɔ 'ɔpnə] |
| morsen (koffie, enz.) | å spille | [ɔ 'spilə] |
| zijn gemorst | å bli spilt | [ɔ 'bli 'spilt] |

| | | |
|---|---|---|
| koken (water kookt bij 100°C) | å koke | [ɔ 'kʊkə] |
| koken (Hoe om water te ~) | å koke | [ɔ 'kʊkə] |
| gekookt (~ water) | kokt | ['kʊkt] |

| | | |
|---|---|---|
| afkoelen (koeler maken) | å svalne | [ɔ 'svalnə] |
| afkoelen (koeler worden) | å avkjøles | [ɔ 'av‚çœləs] |

| | | |
|---|---|---|
| smaak (de) | smak (m) | ['smak] |
| nasmaak (de) | bismak (m) | ['bismak] |

| | | |
|---|---|---|
| volgen een dieet | å være på diet | [ɔ 'værə pɔ di'et] |
| dieet (het) | diett (m) | [di'et] |
| vitamine (de) | vitamin (n) | [vita'min] |
| calorie (de) | kalori (m) | [kalʊ'ri] |

| | | |
|---|---|---|
| vegetariër (de) | vegetarianer (m) | [vegetari'anər] |
| vegetarisch (bn) | vegetarisk | [vege'tarisk] |

| | | |
|---|---|---|
| vetten (mv.) | fett (n) | ['fɛt] |
| eiwitten (mv.) | proteiner (n pl) | [prɔte'inər] |
| koolhydraten (mv.) | kullhydrater (n pl) | ['kʉlhy‚dratər] |
| snede (de) | skive (m/f) | ['ʂivə] |
| stuk (bijv. een ~ taart) | stykke (n) | ['stʏkə] |
| kruimel (de) | smule (m) | ['smʉlə] |

44

## 43. Tafelschikking

| | | |
|---|---|---|
| lepel (de) | skje (m) | ['ʂe] |
| mes (het) | kniv (m) | ['kniv] |
| vork (de) | gaffel (m) | ['gɑfəl] |
| | | |
| kopje (het) | kopp (m) | ['kɔp] |
| bord (het) | tallerken (m) | [tɑ'lærkən] |
| schoteltje (het) | tefat (n) | ['te‚fɑt] |
| servet (het) | serviett (m) | [sɛrvi'ɛt] |
| tandenstoker (de) | tannpirker (m) | ['tɑn‚pirkər] |

## 44. Restaurant

| | | |
|---|---|---|
| restaurant (het) | restaurant (m) | [rɛstʊ'rɑŋ] |
| koffiehuis (het) | kafé, kaffebar (m) | [kɑ'fe], ['kɑfə‚bɑr] |
| bar (de) | bar (m) | ['bɑr] |
| tearoom (de) | tesalong (m) | ['tesɑ‚lɔŋ] |
| | | |
| kelner, ober (de) | servitør (m) | ['særvi'tør] |
| serveerster (de) | servitrise (m/f) | [særvi'trisə] |
| barman (de) | bartender (m) | ['bɑː‚tɛndər] |
| | | |
| menu (het) | meny (m) | [me'ny] |
| wijnkaart (de) | vinkart (n) | ['vin‚kɑːt] |
| een tafel reserveren | å reservere bord | [ɔ resɛr'verə 'bʊr] |
| | | |
| gerecht (het) | rett (m) | ['rɛt] |
| bestellen (eten ~) | å bestille | [ɔ be'stilə] |
| een bestelling maken | å bestille | [ɔ be'stilə] |
| | | |
| aperitief (de/het) | aperitiff (m) | [ɑperi'tif] |
| voorgerecht (het) | forrett (m) | ['fɔrɛt] |
| dessert (het) | dessert (m) | [de'sɛːr] |
| | | |
| rekening (de) | regning (m/f) | ['rɛjniŋ] |
| de rekening betalen | å betale regningen | [ɔ be'tɑlə 'rɛjniŋən] |
| wisselgeld teruggeven | å gi tilbake veksel | [ɔ ji til'bɑkə 'vɛksəl] |
| fooi (de) | driks (m) | ['driks] |

# Familie, verwanten en vrienden

## 45. Persoonlijke informatie. Formulieren

| naam (de) | navn (n) | ['navn] |
|---|---|---|
| achternaam (de) | etternavn (n) | ['ɛtə,navn] |
| geboortedatum (de) | fødselsdato (m) | ['føtsəls,datʉ] |
| geboorteplaats (de) | fødested (n) | ['fødə,sted] |
| nationaliteit (de) | nasjonalitet (m) | [naʂʉnali'tet] |
| woonplaats (de) | bosted (n) | ['bʉ,sted] |
| land (het) | land (n) | ['lan] |
| beroep (het) | yrke (n), profesjon (m) | ['yrkə], [prʉfe'ʂʉn] |
| geslacht (ov. het vrouwelijk ~) | kjønn (n) | ['çœn] |
| lengte (de) | høyde (m) | ['højdə] |
| gewicht (het) | vekt (m) | ['vɛkt] |

## 46. Familieleden. Verwanten

| moeder (de) | mor (m/f) | ['mʉr] |
|---|---|---|
| vader (de) | far (m) | ['far] |
| zoon (de) | sønn (m) | ['sœn] |
| dochter (de) | datter (m/f) | ['datər] |
| jongste dochter (de) | yngste datter (m/f) | ['yŋstə 'datər] |
| jongste zoon (de) | yngste sønn (m) | ['yŋstə 'sœn] |
| oudste dochter (de) | eldste datter (m/f) | ['ɛlstə 'datər] |
| oudste zoon (de) | eldste sønn (m) | ['ɛlstə 'sœn] |
| broer (de) | bror (m) | ['brʉr] |
| oudere broer (de) | eldre bror (m) | ['ɛldrə ,brʉr] |
| jongere broer (de) | lillebror (m) | ['lilə,brʉr] |
| zuster (de) | søster (m/f) | ['sœstər] |
| oudere zuster (de) | eldre søster (m/f) | ['ɛldrə ,sœstər] |
| jongere zuster (de) | lillesøster (m/f) | ['lilə,sœstər] |
| neef (zoon van oom, tante) | fetter (m/f) | ['fɛtər] |
| nicht (dochter van oom, tante) | kusine (m) | [kʉ'sinə] |
| mama (de) | mamma (m) | ['mama] |
| papa (de) | pappa (m) | ['papa] |
| ouders (mv.) | foreldre (pl) | [for'ɛldrə] |
| kind (het) | barn (n) | ['ba:ɳ] |
| kinderen (mv.) | barn (n pl) | ['ba:ɳ] |
| oma (de) | bestemor (m) | ['bɛstə,mʉr] |
| opa (de) | bestefar (m) | ['bɛstə,far] |

| | | |
|---|---|---|
| kleinzoon (de) | barnebarn (n) | ['bɑːŋə‚bɑːn̩] |
| kleindochter (de) | barnebarn (n) | ['bɑːŋə‚bɑːn̩] |
| kleinkinderen (mv.) | barnebarn (n pl) | ['bɑːŋə‚bɑːn̩] |

| | | |
|---|---|---|
| oom (de) | onkel (m) | ['ʊnkəl] |
| tante (de) | tante (m/f) | ['tɑntə] |
| neef (zoon van broer, zus) | nevø (m) | [ne'vø] |
| nicht (dochter van broer ,zus) | niese (m/f) | [ni'esə] |

| | | |
|---|---|---|
| schoonmoeder (de) | svigermor (m/f) | ['sviɡər‚mʊr] |
| schoonvader (de) | svigerfar (m) | ['sviɡər‚fɑr] |
| schoonzoon (de) | svigersønn (m) | ['sviɡər‚sœn] |
| stiefmoeder (de) | stemor (m/f) | ['ste‚mʊr] |
| stiefvader (de) | stefar (m) | ['ste‚fɑr] |

| | | |
|---|---|---|
| zuigeling (de) | brystbarn (n) | ['brʏst‚bɑːn̩] |
| wiegenkind (het) | spedbarn (n) | ['spe‚bɑːn̩] |
| kleuter (de) | lite barn (n) | ['litə 'bɑːn̩] |

| | | |
|---|---|---|
| vrouw (de) | kone (m/f) | ['kʊnə] |
| man (de) | mann (m) | ['mɑn] |
| echtgenoot (de) | ektemann (m) | ['ɛktə‚mɑn] |
| echtgenote (de) | hustru (m) | ['hʉstrʉ] |

| | | |
|---|---|---|
| gehuwd (mann.) | gift | ['jift] |
| gehuwd (vrouw.) | gift | ['jift] |
| ongehuwd (mann.) | ugift | [ʉ'jift] |
| vrijgezel (de) | ungkar (m) | ['ʉŋ‚kɑr] |
| gescheiden (bn) | fraskilt | ['frɑ‚ʂilt] |
| weduwe (de) | enke (m) | ['ɛnkə] |
| weduwnaar (de) | enkemann (m) | ['ɛnkə‚mɑn] |

| | | |
|---|---|---|
| familielid (het) | slektning (m) | ['ʂlektniŋ] |
| dichte familielid (het) | nær slektning (m) | ['nær 'slektniŋ] |
| verre familielid (het) | fjern slektning (m) | ['fjæːn̩ 'slektniŋ] |
| familieleden (mv.) | slektninger (m pl) | ['ʂlektniŋər] |

| | | |
|---|---|---|
| wees (de), weeskind (het) | foreldreløst barn (n) | [fɔr'ɛldrəløst ‚bɑːn̩] |
| voogd (de) | formynder (m) | ['fɔr‚mʏnər] |
| adopteren (een jongen te ~) | å adoptere | [ɔ adɔp'terə] |
| adopteren (een meisje te ~) | å adoptere | [ɔ adɔp'terə] |

# Geneeskunde

## 47. Ziekten

| | | |
|---|---|---|
| ziekte (de) | sykdom (m) | ['sʏk‚dɔm] |
| ziek zijn (ww) | å være syk | [ɔ 'væərə 'syk] |
| gezondheid (de) | helse (m/f) | ['hɛlsə] |

| | | |
|---|---|---|
| snotneus (de) | snue (m) | ['snʉə] |
| angina (de) | angina (m) | [an'gina] |
| verkoudheid (de) | forkjølelse (m) | [fɔr'çœləlsə] |
| verkouden raken (ww) | å forkjøle seg | [ɔ fɔr'çœlə sæj] |

| | | |
|---|---|---|
| bronchitis (de) | bronkitt (m) | [brɔn'kit] |
| longontsteking (de) | lungebetennelse (m) | ['lʉŋə be'tɛnəlsə] |
| griep (de) | influensa (m) | [inflʉ'ɛnsa] |

| | | |
|---|---|---|
| bijziend (bn) | nærsynt | ['næ‚sʏnt] |
| verziend (bn) | langsynt | ['laŋsʏnt] |
| scheelheid (de) | skjeløydhet (m) | ['ʂɛløjd‚het] |
| scheel (bn) | skjeløyd | ['ʂɛl‚øjd] |
| grauwe staar (de) | grå stær, katarakt (m) | ['grɔ ‚stæər], [kata'rakt] |
| glaucoom (het) | glaukom (n) | [glaʉ'kɔm] |

| | | |
|---|---|---|
| beroerte (de) | hjerneslag (n) | ['jæ:ɳə‚slag] |
| hartinfarct (het) | infarkt (n) | [in'farkt] |
| myocardiaal infarct (het) | myokardieinfarkt (n) | ['miɔ'kardiə in'farkt] |
| verlamming (de) | paralyse, lammelse (m) | ['para'lysə], ['laməlsə] |
| verlammen (ww) | å lamme | [ɔ 'lamə] |

| | | |
|---|---|---|
| allergie (de) | allergi (m) | [alæ:'gi] |
| astma (de/het) | astma (m) | ['astma] |
| diabetes (de) | diabetes (m) | [dia'betəs] |

| | | |
|---|---|---|
| tandpijn (de) | tannpine (m/f) | ['tan‚pinə] |
| tandbederf (het) | karies (m) | ['karies] |

| | | |
|---|---|---|
| diarree (de) | diaré (m) | [dia'rɛ] |
| constipatie (de) | forstoppelse (m) | [fɔ'ʂtɔpəlsə] |
| maagstoornis (de) | magebesvær (m) | ['magə‚be'svæər] |
| voedselvergiftiging (de) | matforgiftning (m/f) | ['mat‚fɔr'jiftniŋ] |
| voedselvergiftiging oplopen | å få matforgiftning | [ɔ 'fɔ mat‚fɔr'jiftniŋ] |

| | | |
|---|---|---|
| artritis (de) | artritt (m) | [a:t'rit] |
| rachitis (de) | rakitt (m) | [ra'kit] |
| reuma (het) | revmatisme (m) | [revma'tismə] |
| arteriosclerose (de) | arteriosklerose (m) | [a:'teriʊskle‚rʊsə] |

| | | |
|---|---|---|
| gastritis (de) | magekatarr, gastritt (m) | ['magəka‚tar], [‚ga'strit] |
| blindedarmontsteking (de) | appendisitt (m) | [apɛndi'sit] |

| galblaasontsteking (de) | galleblærebetennelse (m) | ['galə‚blærə be'tɛnəlse] |
| zweer (de) | magesår (n) | ['magə‚sɔr] |

| mazelen (mv.) | meslinger (m pl) | ['mɛs‚liŋər] |
| rodehond (de) | røde hunder (m pl) | ['rødə 'hunər] |
| geelzucht (de) | gulsott (m/f) | ['gʉl‚sʊt] |
| leverontsteking (de) | hepatitt (m) | [hepa'tit] |

| schizofrenie (de) | schizofreni (m) | [ṣisʊfre'ni] |
| dolheid (de) | rabies (m) | ['rabiəs] |
| neurose (de) | nevrose (m) | [nev'rʊsə] |
| hersenschudding (de) | hjernerystelse (m) | ['jæ:ŋə‚rystəlsə] |

| kanker (de) | kreft, cancer (m) | ['krɛft], ['kansər] |
| sclerose (de) | sklerose (m) | [skle'rʊsə] |
| multiple sclerose (de) | multippel sklerose (m) | [mʉl'tipəl skle'rʊsə] |

| alcoholisme (het) | alkoholisme (m) | [alkʊhʊ'lismə] |
| alcoholicus (de) | alkoholiker (m) | [alkʊ'hʉlikər] |
| syfilis (de) | syfilis (m) | ['syfilis] |
| AIDS (de) | AIDS, aids (m) | ['ɛjds] |

| tumor (de) | svulst, tumor (m) | ['svʉlst], [tʉ'mʊr] |
| kwaadaardig (bn) | ondartet, malign | ['ʊn‚a:ʈət], [ma'lign] |
| goedaardig (bn) | godartet | ['gʊ‚a:ʈət] |

| koorts (de) | feber (m) | ['febər] |
| malaria (de) | malaria (m) | [ma'laria] |
| gangreen (het) | koldbrann (m) | ['kɔlbran] |
| zeeziekte (de) | sjøsyke (m) | ['ṣø‚sykə] |
| epilepsie (de) | epilepsi (m) | [ɛpilep'si] |

| epidemie (de) | epidemi (m) | [ɛpide'mi] |
| tyfus (de) | tyfus (m) | ['tyfʉs] |
| tuberculose (de) | tuberkulose (m) | [tubærkʉ'lʊsə] |
| cholera (de) | kolera (m) | ['kʉlera] |
| pest (de) | pest (m) | ['pɛst] |

## 48. Symptomen. Behandelingen. Deel 1

| symptoom (het) | symptom (n) | [symp'tʊm] |
| temperatuur (de) | temperatur (m) | [tɛmpəra'tʉr] |
| verhoogde temperatuur (de) | høy temperatur (m) | ['høj tɛmpəra'tʉr] |
| polsslag (de) | puls (m) | ['pʉls] |

| duizeling (de) | svimmelhet (m) | ['sviməl‚het] |
| heet (erg warm) | varm | ['varm] |
| koude rillingen (mv.) | skjelving (m/f) | ['ṣɛlviŋ] |
| bleek (bn) | blek | ['blek] |

| hoest (de) | hoste (m) | ['hʊstə] |
| hoesten (ww) | å hoste | [ɔ 'hʊstə] |
| niezen (ww) | å nyse | [ɔ 'nysə] |
| flauwte (de) | besvimelse (m) | [bɛ'sviməlsə] |

flauwvallen (ww) | à besvime | [ɔ be'svimə]
blauwe plek (de) | blåmerke (n) | ['blɔ,mærkə]
buil (de) | bule (m) | ['bʉlə]
zich stoten (ww) | à slå seg | [ɔ 'ʂlɔ sæj]
kneuzing (de) | blåmerke (n) | ['blɔ,mærkə]
kneuzen (gekneusd zijn) | à slå seg | [ɔ 'ʂlɔ sæj]

hinken (ww) | à halte | [ɔ 'haltə]
verstuiking (de) | forvridning (m) | [fɔr'vridniŋ]
verstuiken (enkel, enz.) | à forvri | [ɔ fɔr'vri]
breuk (de) | brudd (n), fraktur (m) | ['brʉd], [frɑk'tʉr]
een breuk oplopen | à få brudd | [ɔ 'fɔ 'brʉd]

snijwond (de) | skjæresår (n) | ['ʂæːrə,sɔr]
zich snijden (ww) | à skjære seg | [ɔ 'ʂæːrə sæj]
bloeding (de) | blødning (m/f) | ['blødniŋ]

brandwond (de) | brannsår (n) | ['brɑn,sɔr]
zich branden (ww) | à brenne seg | [ɔ 'brɛnə sæj]

prikken (ww) | à stikke | [ɔ 'stikə]
zich prikken (ww) | à stikke seg | [ɔ 'stikə sæj]
blesseren (ww) | à skade | [ɔ 'skɑdə]
blessure (letsel) | skade (n) | ['skɑdə]
wond (de) | sår (n) | ['sɔr]
trauma (het) | traume (m) | ['trɑʊmə]

IJlen (ww) | à snakke i villelse | [ɔ 'snɑkə i 'viləlsə]
stotteren (ww) | à stamme | [ɔ 'stɑmə]
zonnesteek (de) | solstikk (n) | ['sʉl,stik]

## 49. Symptomen. Behandelingen. Deel 2

pijn (de) | smerte (m) | ['smæːtə]
splinter (de) | flis (m/f) | ['flis]

zweet (het) | svette (m) | ['svɛtə]
zweten (ww) | à svette | [ɔ 'svɛtə]
braking (de) | oppkast (n) | ['ɔp,kɑst]
stuiptrekkingen (mv.) | kramper (m pl) | ['krɑmpər]

zwanger (bn) | gravid | [grɑ'vid]
geboren worden (ww) | à fødes | [ɔ 'fødə]
geboorte (de) | fødsel (m) | ['føtsəl]
baren (ww) | à føde | [ɔ 'fødə]
abortus (de) | abort (m) | [ɑ'bɔːt]

ademhaling (de) | åndedrett (n) | ['ɔŋdə,drɛt]
inademing (de) | innånding (m/f) | ['in,ɔniŋ]
uitademing (de) | utånding (m/f) | ['ʉt,ɔndiŋ]
uitademen (ww) | à puste ut | [ɔ 'pʉstə ʉt]
inademen (ww) | à ånde inn | [ɔ 'ɔŋdə ,in]
invalide (de) | handikappet person (m) | ['hɑndi,kɑpət pæ'ʂʉn]
gehandicapte (de) | krøpling (m) | ['krøpliŋ]

| drugsverslaafde (de) | narkoman (m) | [narkʉ'man] |
| doof (bn) | døv | ['døv] |
| stom (bn) | stum | ['stʉm] |
| doofstom (bn) | døvstum | ['døf,stʉm] |

| krankzinnig (bn) | gal | ['gal] |
| krankzinnige (man) | gal mann (m) | ['gal ,man] |
| krankzinnige (vrouw) | gal kvinne (m/f) | ['gal ,kvinə] |
| krankzinnig worden | å bli sinnssyk | [ɔ 'bli 'sin,syk] |

| gen (het) | gen (m) | ['gen] |
| immuniteit (de) | immunitet (m) | [imʉni'tet] |
| erfelijk (bn) | arvelig | ['arvəli] |
| aangeboren (bn) | medfødt | ['me:,føt] |

| virus (het) | virus (m) | ['virʉs] |
| microbe (de) | mikrobe (m) | [mi'krʉbə] |
| bacterie (de) | bakterie (m) | [bak'teriə] |
| infectie (de) | infeksjon (m) | [infɛk'ʂʊn] |

## 50. Symptomen. Behandelingen. Deel 3

| ziekenhuis (het) | sykehus (n) | ['sykə,hʉs] |
| patiënt (de) | pasient (m) | [pasi'ɛnt] |

| diagnose (de) | diagnose (m) | [dia'gnʊsə] |
| genezing (de) | kur (m) | ['kʉr] |
| medische behandeling (de) | behandling (m/f) | [be'handliŋ] |
| onder behandeling zijn | å bli behandlet | [ɔ 'bli be'handlət] |
| behandelen (ww) | å behandle | [ɔ be'handlə] |
| zorgen (zieken ~) | å skjøtte | [ɔ 'ʂøtə] |
| ziekenzorg (de) | sykepleie (m/f) | ['sykə,plæjə] |

| operatie (de) | operasjon (m) | [ɔpəra'ʂʊn] |
| verbinden (een arm ~) | å forbinde | [ɔ for'binə] |
| verband (het) | forbinding (m) | [for'biniŋ] |

| vaccin (het) | vaksinering (m/f) | [vaksi'neriŋ] |
| inenten (vaccineren) | å vaksinere | [ɔ vaksi'nerə] |
| injectie (de) | injeksjon (m), sprøyte (m/f) | [injɛk'ʂʊn], ['sprøjtə] |
| een injectie geven | å gi en sprøyte | [ɔ 'ji en 'sprøjtə] |

| aanval (de) | anfall (n) | ['an,fal] |
| amputatie (de) | amputasjon (m) | [ampʉta'ʂʊn] |
| amputeren (ww) | å amputere | [ɔ ampʉ'terə] |
| coma (het) | koma (m) | ['kʊma] |
| in coma liggen | å ligge i koma | [ɔ 'ligə i 'kʊma] |
| intensieve zorg, ICU (de) | intensivavdeling (m/f) | ['inten,siv 'av,deliŋ] |

| zich herstellen (ww) | å bli frisk | [ɔ 'bli 'frisk] |
| toestand (de) | tilstand (m) | ['til,stan] |
| bewustzijn (het) | bevissthet (m) | [be'vist,het] |
| geheugen (het) | minne (n), hukommelse (m) | ['minə], [hʉ'kɔməlsə] |
| trekken (een kies ~) | å trekke ut | [ɔ 'trɛkə ʉt] |

51

| vulling (de) | fylling (m/f) | ['fʏliŋ] |
| vullen (ww) | å plombere | [ɔ plʊm'berə] |

| hypnose (de) | hypnose (m) | [hʏp'nʊsə] |
| hypnotiseren (ww) | å hypnotisere | [ɔ hʏpnʊti'serə] |

## 51. Artsen

| dokter, arts (de) | lege (m) | ['legə] |
| ziekenzuster (de) | sykepleierske (m/f) | ['sykə,plæəjeʂkə] |
| lijfarts (de) | personlig lege (m) | [pæ'ʂʊnli 'legə] |

| tandarts (de) | tannlege (m) | ['tan,legə] |
| oogarts (de) | øyelege (m) | ['øjə,legə] |
| therapeut (de) | terapeut (m) | [tera'pɛut] |
| chirurg (de) | kirurg (m) | [çi'rʉrg] |

| psychiater (de) | psykiater (m) | [syki'atər] |
| pediater (de) | barnelege (m) | ['bɑːŋə,legə] |
| psycholoog (de) | psykolog (m) | [sykʊ'lɔg] |
| gynaecoloog (de) | gynekolog (m) | [gynekʊ'lɔg] |
| cardioloog (de) | kardiolog (m) | [kɑːdjʊ'lɔg] |

## 52. Geneeskunde. Medicijnen. Accessoires

| geneesmiddel (het) | medisin (m) | [medi'sin] |
| middel (het) | middel (n) | ['midəl] |
| voorschrijven (ww) | å ordinere | [ɔ ɔrdi'nerə] |
| recept (het) | resept (m) | [re'sɛpt] |

| tablet (de/het) | tablett (m) | [tab'let] |
| zalf (de) | salve (m/f) | ['salvə] |
| ampul (de) | ampulle (m) | [am'pʉlə] |
| drank (de) | mikstur (m) | [miks'tʉr] |
| siroop (de) | sirup (m) | ['sirʉp] |
| pil (de) | pille (m/f) | ['pilə] |
| poeder (de/het) | pulver (n) | ['pʉlvər] |

| verband (het) | gasbind (n) | ['gas,bin] |
| watten (mv.) | vatt (m/n) | ['vat] |
| jodium (het) | jod (m/n) | ['ʉd] |

| pleister (de) | plaster (n) | ['plastər] |
| pipet (de) | pipette (m) | [pi'pɛtə] |
| thermometer (de) | termometer (n) | [tɛrmʊ'metər] |
| spuit (de) | sprøyte (m/f) | ['sprøjtə] |

| rolstoel (de) | rullestol (m) | ['rʉlə,stʉl] |
| krukken (mv.) | krykker (m/f pl) | ['krʏkər] |

| pijnstiller (de) | smertestillende middel (n) | ['smæː[ə,stilenə 'midəl] |
| laxeermiddel (het) | laksativ (n) | [laksa'tiv] |

| | | |
|---|---|---|
| spiritus (de) | **sprit** (m) | ['sprit] |
| medicinale kruiden (mv.) | **legeurter** (m/f pl) | ['legə‚ʉːʈər] |
| kruiden- (abn) | **urte-** | ['ʉːʈə-] |

# HET MENSELIJKE LEEFGEBIED

## Stad

### 53. Stad. Het leven in de stad

| | | |
|---|---|---|
| stad (de) | by (m) | ['by] |
| hoofdstad (de) | hovedstad (m) | ['huvəd,stad] |
| dorp (het) | landsby (m) | ['lans,by] |
| | | |
| plattegrond (de) | bykart (n) | ['by,kɑːt] |
| centrum (ov. een stad) | sentrum (n) | ['sɛntrum] |
| voorstad (de) | forstad (m) | ['fɔ,stad] |
| voorstads- (abn) | forstads- | ['fɔ,stads-] |
| | | |
| randgemeente (de) | utkant (m) | ['ʉt,kant] |
| omgeving (de) | omegner (m pl) | ['ɔm,æjnər] |
| blok (huizenblok) | kvarter (n) | [kvɑːtər] |
| woonwijk (de) | boligkvarter (n) | ['bʉli,kvɑːˈtər] |
| | | |
| verkeer (het) | trafikk (m) | [trɑˈfik] |
| verkeerslicht (het) | trafikklys (n) | [trɑˈfik,lys] |
| openbaar vervoer (het) | offentlig transport (m) | ['ɔfentli transˈpɔːt] |
| kruispunt (het) | veikryss (n) | ['væjkrʏs] |
| | | |
| zebrapad (oversteekplaats) | fotgjengerovergang (m) | ['fʉtjɛŋər 'ɔvər,gaŋ] |
| onderdoorgang (de) | undergang (m) | ['ʉnər,gaŋ] |
| oversteken (de straat ~) | å gå over | [ɔ 'gɔ 'ɔvər] |
| voetganger (de) | fotgjenger (m) | ['fʉtjɛŋər] |
| trottoir (het) | fortau (n) | ['fɔːˌtaʉ] |
| | | |
| brug (de) | bro (m/f) | ['brʉ] |
| dijk (de) | kai (m/f) | ['kɑj] |
| fontein (de) | fontene (m) | ['fʉntnə] |
| | | |
| allee (de) | allé (m) | [aˈleː] |
| park (het) | park (m) | ['park] |
| boulevard (de) | bulevard (m) | [buleˈvar] |
| plein (het) | torg (n) | ['tɔr] |
| laan (de) | aveny (m) | [aveˈny] |
| straat (de) | gate (m/f) | ['gatə] |
| zijstraat (de) | sidegate (m/f) | ['sidə,gatə] |
| doodlopende straat (de) | blindgate (m/f) | ['blin,gatə] |
| | | |
| huis (het) | hus (n) | ['hʉs] |
| gebouw (het) | bygning (m/f) | ['bygniŋ] |
| wolkenkrabber (de) | skyskraper (m) | ['sy,skrapər] |
| gevel (de) | fasade (m) | [faˈsadə] |
| dak (het) | tak (n) | ['tak] |

| | | |
|---|---|---|
| venster (het) | vindu (n) | ['vindʉ] |
| boog (de) | bue (m) | ['bʉːə] |
| pilaar (de) | søyle (m) | ['søjlə] |
| hoek (ov. een gebouw) | hjørne (n) | ['jœːŋə] |

| | | |
|---|---|---|
| vitrine (de) | utstillingsvindu (n) | ['ʉt‚stiliŋs 'vindʉ] |
| gevelreclame (de) | skilt (n) | ['ʂilt] |
| affiche (de/het) | plakat (m) | [pla'kat] |
| reclameposter (de) | reklameplakat (m) | [rɛ'klamə‚pla'kat] |
| aanplakbord (het) | reklametavle (m/f) | [rɛ'klamə‚tavlə] |

| | | |
|---|---|---|
| vuilnis (de/het) | søppel (m/f/n), avfall (n) | ['sœpəl], ['av‚fal] |
| vuilnisbak (de) | søppelkasse (m/f) | ['sœpəl‚kasə] |
| afval weggooien (ww) | å kaste søppel | [ɔ 'kastə 'sœpəl] |
| stortplaats (de) | søppelfylling (m/f), deponi (n) | ['sœpəl‚fyliŋ], [‚depɔ'ni] |

| | | |
|---|---|---|
| telefooncel (de) | telefonboks (m) | [tele'fʉn‚bɔks] |
| straatlicht (het) | lyktestolpe (m) | ['lʏktə‚stɔlpə] |
| bank (de) | benk (m) | ['bɛŋk] |

| | | |
|---|---|---|
| politieagent (de) | politi (m) | [pʉli'ti] |
| politie (de) | politi (n) | [pʉli'ti] |
| zwerver (de) | tigger (m) | ['tigər] |
| dakloze (de) | hjemløs | ['jɛm‚løs] |

## 54. Stedelijke instellingen

| | | |
|---|---|---|
| winkel (de) | forretning, butikk (m) | [fɔ'rɛtniŋ], [bʉ'tik] |
| apotheek (de) | apotek (n) | [apu'tek] |
| optiek (de) | optikk (m) | [ɔp'tik] |
| winkelcentrum (het) | kjøpesenter (n) | ['çœpə‚sɛntər] |
| supermarkt (de) | supermarked (n) | ['sʉpə‚market] |

| | | |
|---|---|---|
| bakkerij (de) | bakeri (n) | [bake'ri] |
| bakker (de) | baker (m) | ['bakər] |
| banketbakkerij (de) | konditori (n) | [kʉnditɔ'ri] |
| kruidenier (de) | matbutikk (m) | ['matbʉ‚tik] |
| slagerij (de) | slakterbutikk (m) | ['ʂlaktəbʉ‚tik] |

| | | |
|---|---|---|
| groentewinkel (de) | grønnsaksbutikk (m) | ['grœn‚saks bʉ'tik] |
| markt (de) | marked (n) | ['markəd] |

| | | |
|---|---|---|
| koffiehuis (het) | kafé, kaffebar (m) | [ka'fe], ['kafə‚bar] |
| restaurant (het) | restaurant (m) | [rɛstʉ'raŋ] |
| bar (de) | pub (m) | ['pʉb] |
| pizzeria (de) | pizzeria (m) | [pitsə'ria] |

| | | |
|---|---|---|
| kapperssalon (de/het) | frisørsalong (m) | [fri'sør sa‚lɔŋ] |
| postkantoor (het) | post (m) | ['pɔst] |
| stomerij (de) | renseri (n) | [rɛnse'ri] |
| fotostudio (de) | fotostudio (n) | ['fotɔ‚stʉdiɔ] |

| | | |
|---|---|---|
| schoenwinkel (de) | skobutikk (m) | ['skʉ‚bʉ'tik] |
| boekhandel (de) | bokhandel (m) | ['bʉk‚handəl] |

| | | |
|---|---|---|
| sportwinkel (de) | idrettsbutikk (m) | ['idrɛts bʉ'tik] |
| kledingreparatie (de) | reparasjon (m) av klær | [repara'ʂʊn ɑː ˌklær] |
| kledingverhuur (de) | leie (m/f) av klær | ['læje ɑː ˌklær] |
| videotheek (de) | filmutleie (m/f) | ['filmˌʉt'læje] |

| | | |
|---|---|---|
| circus (de/het) | sirkus (m/n) | ['sirkʉs] |
| dierentuin (de) | zoo, dyrepark (m) | ['sʊː], [dyrə'park] |
| bioscoop (de) | kino (m) | ['çinʊ] |
| museum (het) | museum (n) | [mʉ'seum] |
| bibliotheek (de) | bibliotek (n) | [bibliʊ'tek] |

| | | |
|---|---|---|
| theater (het) | teater (n) | [te'atər] |
| opera (de) | opera (m) | ['ʊpera] |
| nachtclub (de) | nattklubb (m) | ['natˌklʉb] |
| casino (het) | kasino (n) | [ka'sinʊ] |

| | | |
|---|---|---|
| moskee (de) | moské (m) | [mʊ'ske] |
| synagoge (de) | synagoge (m) | [syna'gʊgə] |
| kathedraal (de) | katedral (m) | [kate'dral] |
| tempel (de) | tempel (n) | ['tɛmpəl] |
| kerk (de) | kirke (m/f) | ['çirkə] |

| | | |
|---|---|---|
| instituut (het) | institutt (n) | [insti'tʉt] |
| universiteit (de) | universitet (n) | [ʉnivæʂi'tet] |
| school (de) | skole (m/f) | ['skʊlə] |

| | | |
|---|---|---|
| gemeentehuis (het) | prefektur (n) | [prɛfɛk'tʉr] |
| stadhuis (het) | rådhus (n) | ['rɔdˌhʉs] |
| hotel (het) | hotell (n) | [hʊ'tɛl] |
| bank (de) | bank (m) | ['bɑnk] |

| | | |
|---|---|---|
| ambassade (de) | ambassade (m) | [amba'sadə] |
| reisbureau (het) | reisebyrå (n) | ['ræjsə byˌro] |
| informatieloket (het) | opplysningskontor (n) | [ɔp'lʏsniŋs kʊn'tʉr] |
| wisselkantoor (het) | vekslingskontor (n) | ['vɛkʂliŋs kʊn'tʉr] |

| | | |
|---|---|---|
| metro (de) | tunnelbane, T-bane (m) | ['tʉnəlˌbanə], ['tɛːˌbanə] |
| ziekenhuis (het) | sykehus (n) | ['sykəˌhʉs] |

| | | |
|---|---|---|
| benzinestation (het) | bensinstasjon (m) | [bɛn'sinˌsta'ʂʊn] |
| parking (de) | parkeringsplass (m) | [par'keriŋsˌplas] |

## 55. Borden

| | | |
|---|---|---|
| gevelreclame (de) | skilt (n) | ['ʂilt] |
| opschrift (het) | innskrift (m/f) | ['inˌskrift] |
| poster (de) | plakat, poster (m) | ['plaˌkat], ['pɔstər] |
| wegwijzer (de) | veiviser (m) | ['væjˌvisər] |
| pijl (de) | pil (m/f) | ['pil] |

| | | |
|---|---|---|
| waarschuwing (verwittiging) | advarsel (m) | ['adˌvaʂəl] |
| waarschuwingsbord (het) | varselskilt (n) | ['vaʂəlˌʂilt] |
| waarschuwen (ww) | å varsle | [ɔ 'vaʂlə] |
| vrije dag (de) | fridag (m) | ['friˌda] |

| dienstregeling (de) | rutetabell (m) | ['rʉtəˌtaˈbɛl] |
| openingsuren (mv.) | åpningstider (m/f pl) | ['ɔpniŋsˌtidər] |

| WELKOM! | VELKOMMEN! | ['vɛlˌkɔmən] |
| INGANG | INNGANG | ['inˌgaŋ] |
| UITGANG | UTGANG | ['ʉtˌgaŋ] |

| DUWEN | SKYV | ['ʂyv] |
| TREKKEN | TREKK | ['trɛk] |
| OPEN | ÅPENT | ['ɔpənt] |
| GESLOTEN | STENGT | ['stɛŋt] |

| DAMES | DAMER | ['damər] |
| HEREN | HERRER | ['hærər] |

| KORTING | RABATT | [raˈbat] |
| UITVERKOOP | SALG | ['salg] |
| NIEUW! | NYTT! | ['nʏt] |
| GRATIS | GRATIS | ['gratis] |

| PAS OP! | FORSIKTIG! | [fʉ'ʂiktə] |
| VOLGEBOEKT | INGEN LEDIGE ROM | ['iŋən 'lediə rʊm] |
| GERESERVEERD | RESERVERT | [resɛrˈvɛːt] |

| ADMINISTRATIE | ADMINISTRASJON | [administraˈʂʊn] |
| ALLEEN VOOR PERSONEEL | KUN FOR ANSATTE | ['kʉn fɔr anˈsatə] |

| GEVAARLIJKE HOND | VOKT DEM FOR HUNDEN | ['vɔkt dem fɔ 'hʉnən] |
| VERBODEN TE ROKEN! | RØYKING FORBUDT | ['røjkiŋ fɔrˈbʉt] |
| NIET AANRAKEN! | IKKE RØR! | ['ikə 'rør] |

| GEVAARLIJK | FARLIG | ['faːl̩i] |
| GEVAAR | FARE | ['farə] |
| HOOGSPANNING | HØYSPENNING | ['højˌspɛniŋ] |
| VERBODEN TE ZWEMMEN | BADING FORBUDT | ['badiŋ fɔrˈbʉt] |
| BUITEN GEBRUIK | I USTAND | [i 'ʉˌstan] |

| ONTVLAMBAAR | BRANNFARLIG | ['branˌfaːl̩i] |
| VERBODEN | FORBUDT | [fɔrˈbʉt] |
| DOORGANG VERBODEN | INGEN INNKJØRING | ['iŋən 'inˌçœriŋ] |
| OPGELET PAS GEVERFD | NYMALT | ['nyˌmalt] |

## 56. Stedelijk vervoer

| bus, autobus (de) | buss (m) | ['bʉs] |
| tram (de) | trikk (m) | ['trik] |
| trolleybus (de) | trolleybuss (m) | ['trɔliˌbʉs] |
| route (de) | rute (m/f) | ['rʉtə] |
| nummer (busnummer, enz.) | nummer (n) | ['nʉmər] |

| rijden met ... | å kjøre med ... | [ɔ 'çœːrə me ...] |
| stappen (in de bus ~) | å gå på ... | [ɔ 'gɔ pɔ ...] |
| afstappen (ww) | å gå av ... | [ɔ 'gɔ ɑː ...] |

| | | |
|---|---|---|
| halte (de) | holdeplass (m) | ['holə‚plɑs] |
| volgende halte (de) | neste holdeplass (m) | ['nɛstə 'holə‚plɑs] |
| eindpunt (het) | endestasjon (m) | ['ɛnə‚stɑ'ʂʊn] |
| dienstregeling (de) | rutetabell (m) | ['rʉtə‚tɑ'bɛl] |
| wachten (ww) | å vente | [ɔ 'vɛntə] |

| | | |
|---|---|---|
| kaartje (het) | billett (m) | [bi'let] |
| reiskosten (de) | billettpris (m) | [bi'let‚pris] |

| | | |
|---|---|---|
| kassier (de) | kasserer (m) | [kɑ'serər] |
| kaartcontrole (de) | billettkontroll (m) | [bi'let kʊn‚trɔl] |
| controleur (de) | billett inspektør (m) | [bi'let inspɛk'tør] |

| | | |
|---|---|---|
| te laat zijn (ww) | å komme for sent | [ɔ 'komə fɔ'ʂɛnt] |
| missen (de bus ~) | å komme for sent til ... | [ɔ 'komə fɔ'ʂɛnt til ...] |
| zich haasten (ww) | å skynde seg | [ɔ 'ʂynə sæj] |

| | | |
|---|---|---|
| taxi (de) | drosje (m/f), taxi (m) | ['droʂɛ], ['tɑksi] |
| taxichauffeur (de) | taxisjåfør (m) | ['tɑksi ʂo'før] |
| met de taxi (bw) | med taxi | [me 'tɑksi] |
| taxistandplaats (de) | taxiholdeplass (m) | ['tɑksi 'holə‚plɑs] |
| een taxi bestellen | å taxi bestellen | [ɔ 'tɑksi be'stɛlən] |
| een taxi nemen | å ta taxi | [ɔ 'tɑ ‚tɑksi] |

| | | |
|---|---|---|
| verkeer (het) | trafikk (m) | [trɑ'fik] |
| file (de) | trafikkork (m) | [trɑ'fik‚kɔrk] |
| spitsuur (het) | rushtid (m/f) | ['rʉʂ‚tid] |
| parkeren (on.ww.) | å parkere | [ɔ pɑr'kerə] |
| parkeren (ov.ww.) | å parkere | [ɔ pɑr'kerə] |
| parking (de) | parkeringsplass (m) | [pɑr'keriŋs‚plɑs] |

| | | |
|---|---|---|
| metro (de) | tunnelbane, T-bane (m) | ['tʉnəl‚banə], ['tɛː‚banə] |
| halte (bijv. kleine treinhalte) | stasjon (m) | [stɑ'ʂʊn] |
| de metro nemen | å kjøre med T-bane | [ɔ 'çœːrə me 'tɛː‚banə] |
| trein (de) | tog (n) | ['tɔg] |
| station (treinstation) | togstasjon (m) | ['tɔg‚stɑ'ʂʊn] |

## 57. Bezienswaardigheden

| | | |
|---|---|---|
| monument (het) | monument (n) | [monʉ'mɛnt] |
| vesting (de) | festning (m/f) | ['fɛstniŋ] |
| paleis (het) | palass (n) | [pɑ'lɑs] |
| kasteel (het) | borg (m) | ['bɔrg] |
| toren (de) | tårn (n) | ['tɔːn] |
| mausoleum (het) | mausoleum (n) | [mausʉ'leum] |

| | | |
|---|---|---|
| architectuur (de) | arkitektur (m) | [ɑrkitɛk'tʉr] |
| middeleeuws (bn) | middelalderlig | ['midəl‚ɑldɛːli] |
| oud (bn) | gammel | ['gaməl] |
| nationaal (bn) | nasjonal | [naʂʉ'nal] |
| bekend (bn) | kjent | ['çɛnt] |

| | | |
|---|---|---|
| toerist (de) | turist (m) | [tʉ'rist] |
| gids (de) | guide (m) | ['gɑjd] |

| rondleiding (de) | utflukt (m/f) | ['ʉtˌflʉkt] |
| tonen (ww) | å vise | [ɔ 'visə] |
| vertellen (ww) | å fortelle | [ɔ fɔ:'ʈɛlə] |

| vinden (ww) | å finne | [ɔ 'finə] |
| verdwalen (de weg kwijt zijn) | å gå seg bort | [ɔ 'gɔ sæj 'bʉ:t] |
| plattegrond (~ van de metro) | kart, linjekart (n) | ['kɑ:t], ['linjə'kɑ:t] |
| plattegrond (~ van de stad) | kart (n) | ['kɑ:t] |

| souvenir (het) | suvenir (m) | [sʉve'nir] |
| souvenirwinkel (de) | suvenirbutikk (m) | [sʉve'nir bʉ'tik] |
| een foto maken (ww) | å fotografere | [ɔ fɔtɔgrɑ'ferə] |
| zich laten fotograferen | å bli fotografert | [ɔ 'bli fɔtɔgrɑ'fɛ:t] |

## 58. Winkelen

| kopen (ww) | å kjøpe | [ɔ 'çœ:pə] |
| aankoop (de) | innkjøp (n) | ['inˌçœp] |
| winkelen (ww) | å gå shopping | [ɔ 'gɔ ˌʂɔpiŋ] |
| winkelen (het) | shopping (m) | ['ʂɔpiŋ] |

| open zijn (ov. een winkel, enz.) | å være åpen | [ɔ 'værə 'ɔpən] |
| gesloten zijn (ww) | å være stengt | [ɔ 'værə 'stɛŋt] |

| schoeisel (het) | skotøy (n) | ['skʉtøj] |
| kleren (mv.) | klær (n) | ['klær] |
| cosmetica (de) | kosmetikk (m) | [kʉsme'tik] |
| voedingswaren (mv.) | matvarer (m/f pl) | ['mɑtˌvɑrər] |
| geschenk (het) | gave (m/f) | ['gɑvə] |

| verkoper (de) | forselger (m) | [fɔ'ʂɛlər] |
| verkoopster (de) | forselger (m) | [fɔ'ʂɛlər] |

| kassa (de) | kasse (m/f) | ['kɑsə] |
| spiegel (de) | speil (n) | ['spæjl] |
| toonbank (de) | disk (m) | ['disk] |
| paskamer (de) | prøverom (n) | ['prøvəˌrʉm] |

| aanpassen (ww) | å prøve | [ɔ 'prøvə] |
| passen (ov. kleren) | å passe | [ɔ 'pɑsə] |
| bevallen (prettig vinden) | å like | [ɔ 'likə] |

| prijs (de) | pris (m) | ['pris] |
| prijskaartje (het) | prislapp (m) | ['prisˌlɑp] |
| kosten (ww) | å koste | [ɔ 'kɔstə] |
| Hoeveel? | Hvor mye? | [vʉr 'mye] |
| korting (de) | rabatt (m) | [rɑ'bɑt] |

| niet duur (bn) | billig | ['bili] |
| goedkoop (bn) | billig | ['bili] |
| duur (bn) | dyr | ['dyr] |
| Dat is duur. | Det er dyrt | [de ær 'dy:t] |
| verhuur (de) | utleie (m/f) | ['ʉtˌlæje] |

| huren (smoking, enz.) | à leie | [ɔ 'læjə] |
| krediet (het) | kreditt (m) | [krɛ'dit] |
| op krediet (bw) | på kreditt | [pɔ krɛ'dit] |

## 59. Geld

| geld (het) | penger (m pl) | ['pɛŋər] |
| ruil (de) | veksling (m/f) | ['vɛkʂliŋ] |
| koers (de) | kurs (m) | ['kuʂ] |
| geldautomaat (de) | minibank (m) | ['mini‚bɑnk] |
| muntstuk (de) | mynt (m) | ['mʏnt] |

| dollar (de) | dollar (m) | ['dɔlɑr] |
| euro (de) | euro (m) | ['ɛʉrʊ] |

| lire (de) | lira (m) | ['lire] |
| Duitse mark (de) | mark (m/f) | ['mɑrk] |
| frank (de) | franc (m) | ['frɑn] |
| pond sterling (het) | pund sterling (m) | ['pʉn stɛ:'liŋ] |
| yen (de) | yen (m) | ['jɛn] |

| schuld (geldbedrag) | skyld (m/f), gjeld (m) | ['ʂyl], ['jɛl] |
| schuldenaar (de) | skyldner (m) | ['ʂylnər] |
| uitlenen (ww) | à låne ut | [ɔ 'lo:nə ʉt] |
| lenen (geld ~) | à låne | [ɔ 'lo:nə] |

| bank (de) | bank (m) | ['bɑnk] |
| bankrekening (de) | konto (m) | ['kɔntʊ] |
| storten (ww) | à sette inn | [ɔ 'sɛtə in] |
| op rekening storten | à sette inn på kontoen | [ɔ 'sɛtə in pɔ 'kɔntʊən] |
| opnemen (ww) | à ta ut fra kontoen | [ɔ 'tɑ ʉt frɑ 'kɔntʊən] |

| kredietkaart (de) | kredittkort (n) | [krɛ'dit‚kɔ:t] |
| baar geld (het) | kontanter (m pl) | [kʉn'tɑntər] |
| cheque (de) | sjekk (m) | ['ʂɛk] |
| een cheque uitschrijven | à skrive en sjekk | [ɔ 'skrivə en 'ʂɛk] |
| chequeboekje (het) | sjekkbok (m/f) | ['ʂɛk‚bʊk] |

| portefeuille (de) | lommebok (m) | ['lʊmə‚bʊk] |
| geldbeugel (de) | pung (m) | ['pʉŋ] |
| safe (de) | safe, seif (m) | ['sɛjf] |

| erfgenaam (de) | arving (m) | ['ɑrviŋ] |
| erfenis (de) | arv (m) | ['ɑrv] |
| fortuin (het) | formue (m) | ['for‚mʉə] |

| huur (de) | leie (m) | ['læjə] |
| huurprijs (de) | husleie (m/f) | ['hʉs‚læjə] |
| huren (huis, kamer) | à leie | [ɔ 'læjə] |

| prijs (de) | pris (m) | ['pris] |
| kostprijs (de) | kostnad (m) | ['kɔstnɑd] |
| som (de) | sum (m) | ['sʉm] |
| uitgeven (geld besteden) | à bruke | [ɔ 'brʉkə] |

| kosten (mv.) | utgifter (m/f pl) | ['ʉtˌjiftər] |
| bezuinigen (ww) | å spare | [ɔ 'spɑrə] |
| zuinig (bn) | sparsom | ['spɑşɔm] |

| betalen (ww) | å betale | [ɔ be'tɑlə] |
| betaling (de) | betaling (m/f) | [be'tɑliŋ] |
| wisselgeld (het) | vekslepenger (pl) | ['vɛkşləˌpɛŋər] |

| belasting (de) | skatt (m) | ['skɑt] |
| boete (de) | bot (m/f) | ['bʉt] |
| beboeten (bekeuren) | å bøtelegge | [ɔ 'bøtəˌlegə] |

## 60. Post. Postkantoor

| postkantoor (het) | post (m) | ['pɔst] |
| post (de) | post (m) | ['pɔst] |
| postbode (de) | postbud (n) | ['pɔstˌbʉd] |
| openingsuren (mv.) | åpningstider (m/f pl) | ['ɔpniŋsˌtidər] |

| brief (de) | brev (n) | ['brev] |
| aangetekende brief (de) | rekommandert brev (n) | [rekʉmɑn'dɛːtˌbrev] |
| briefkaart (de) | postkort (n) | ['pɔstˌkɔːt] |
| telegram (het) | telegram (n) | [tele'grɑm] |
| postpakket (het) | postpakke (m/f) | ['pɔstˌpɑkə] |
| overschrijving (de) | pengeoverføring (m/f) | ['pɛŋə 'ɔvərˌføriŋ] |

| ontvangen (ww) | å motta | [ɔ 'mɔtɑ] |
| sturen (zenden) | å sende | [ɔ 'sɛnə] |
| verzending (de) | avsending (m) | ['ɑfˌsɛniŋ] |

| adres (het) | adresse (m) | [ɑ'drɛsə] |
| postcode (de) | postnummer (n) | ['pɔstˌnʉmər] |
| verzender (de) | avsender (m) | ['ɑfˌsɛnər] |
| ontvanger (de) | mottaker (m) | ['mɔtˌtɑkər] |

| naam (de) | fornavn (n) | ['fɔrˌnɑvn] |
| achternaam (de) | etternavn (n) | ['ɛtəˌn̩ɑvn] |

| tarief (het) | tariff (m) | [tɑ'rif] |
| standaard (bn) | vanlig | ['vɑnli] |
| zuinig (bn) | økonomisk | [økʉ'nɔmisk] |

| gewicht (het) | vekt (m) | ['vɛkt] |
| afwegen (op de weegschaal) | å veie | [ɔ 'væjə] |
| envelop (de) | konvolutt (m) | [kʉnvʉ'lʉt] |
| postzegel (de) | frimerke (n) | ['friˌmærkə] |
| een postzegel plakken op | å sette på frimerke | [ɔ 'sɛtə pɔ 'friˌmærkə] |

# Woning. Huis. Thuis

## 61. Huis. Elektriciteit

| | | |
|---|---|---|
| elektriciteit (de) | elektrisitet (m) | [ɛlektrisi'tet] |
| lamp (de) | lyspære (m/f) | ['lys‚pærə] |
| schakelaar (de) | strømbryter (m) | ['strøm‚brytər] |
| zekering (de) | sikring (m) | ['sikriŋ] |
| | | |
| draad (de) | ledning (m) | ['ledniŋ] |
| bedrading (de) | ledningsnett (n) | ['ledniŋs‚nɛt] |
| elektriciteitsmeter (de) | elmåler (m) | ['ɛl‚molər] |
| gegevens (mv.) | avlesninger (m/f pl) | ['av‚lesniŋər] |

## 62. Villa. Herenhuis

| | | |
|---|---|---|
| landhuisje (het) | fritidshus (n) | ['fritids‚hʉs] |
| villa (de) | villa (m) | ['vila] |
| vleugel (de) | fløy (m) | ['fløj] |
| | | |
| tuin (de) | hage (m) | ['hagə] |
| park (het) | park (m) | ['park] |
| oranjerie (de) | drivhus (n) | ['driv‚hʉs] |
| onderhouden (tuin, enz.) | å ta vare | [ɔ 'ta ‚varə] |
| | | |
| zwembad (het) | svømmebasseng (n) | ['svœmə‚ba'sɛŋ] |
| gym (het) | gym (m) | ['dʒym] |
| tennisveld (het) | tennisbane (m) | ['tɛnis‚banə] |
| bioscoopkamer (de) | hjemmekino (m) | ['jɛmə‚çinʉ] |
| garage (de) | garasje (m) | [ga'raʂə] |
| | | |
| privé-eigendom (het) | privateiendom (m) | [pri'vat 'æjəndɔm] |
| eigen terrein (het) | privat terreng (n) | [pri'vat tɛ'rɛŋ] |
| | | |
| waarschuwing (de) | advarsel (m) | ['ad‚vaʂəl] |
| waarschuwingsbord (het) | varselskilt (n) | ['vaʂəl‚silt] |
| | | |
| bewaking (de) | sikkerhet (m/f) | ['sikər‚het] |
| bewaker (de) | sikkerhetsvakt (m/f) | ['sikərhɛts‚vakt] |
| inbraakalarm (het) | tyverialarm (m) | [tyve'ri a'larm] |

## 63. Appartement

| | | |
|---|---|---|
| appartement (het) | leilighet (m/f) | ['læjli‚het] |
| kamer (de) | rom (n) | ['rʊm] |
| slaapkamer (de) | soverom (n) | ['sʊvə‚rʊm] |

| | | |
|---|---|---|
| eetkamer (de) | spisestue (m/f) | ['spisə‚stʉə] |
| salon (de) | dagligstue (m/f) | ['dɑgli‚stʉə] |
| studeerkamer (de) | arbeidsrom (n) | ['ɑrbæjds‚rʊm] |
| gang (de) | entré (m) | [ɑn'trɛ:] |
| badkamer (de) | bad, baderom (n) | ['bɑd], ['bɑdə‚rʊm] |
| toilet (het) | toalett, WC (n) | [tʊɑ'let], [vɛ'sɛ] |
| plafond (het) | tak (n) | ['tɑk] |
| vloer (de) | gulv (n) | ['gʉlv] |
| hoek (de) | hjørne (n) | ['jœ:ŋə] |

## 64. Meubels. Interieur

| | | |
|---|---|---|
| meubels (mv.) | møbler (n pl) | ['møblər] |
| tafel (de) | bord (n) | ['bʊr] |
| stoel (de) | stol (m) | ['stʊl] |
| bed (het) | seng (m/f) | ['sɛŋ] |
| bankstel (het) | sofa (m) | ['sʊfɑ] |
| fauteuil (de) | lenestol (m) | ['lenə‚stʊl] |
| boekenkast (de) | bokskap (n) | ['bʊk‚skɑp] |
| boekenrek (het) | hylle (m/f) | ['hʏlə] |
| kledingkast (de) | klesskap (n) | ['kle‚skɑp] |
| kapstok (de) | knaggbrett (n) | ['knɑg‚brɛt] |
| staande kapstok (de) | stumtjener (m) | ['stʉm‚tjenər] |
| commode (de) | kommode (m) | [kʊ'mʉdə] |
| salontafeltje (het) | kaffebord (n) | ['kɑfə‚bʊr] |
| spiegel (de) | speil (n) | ['spæjl] |
| tapijt (het) | teppe (n) | ['tɛpə] |
| tapijtje (het) | lite teppe (n) | ['litə 'tɛpə] |
| haard (de) | peis (m), ildsted (n) | ['pæjs], ['ilsted] |
| kaars (de) | lys (n) | ['lys] |
| kandelaar (de) | lysestake (m) | ['lysə‚stɑkə] |
| gordijnen (mv.) | gardiner (m/f pl) | [gɑ:'dinər] |
| behang (het) | tapet (n) | [tɑ'pet] |
| jaloezie (de) | persienne (m) | [pæʂi'enə] |
| bureaulamp (de) | bordlampe (m/f) | ['bʊr‚lɑmpə] |
| wandlamp (de) | vegglampe (m/f) | ['vɛg‚lɑmpə] |
| staande lamp (de) | gulvlampe (m/f) | ['gʉlv‚lɑmpə] |
| luchter (de) | lysekrone (m/f) | ['lysə‚krʊnə] |
| poot (ov. een tafel, enz.) | bein (n) | ['bæjn] |
| armleuning (de) | armlene (n) | ['ɑrm‚lenə] |
| rugleuning (de) | rygg (m) | ['rʏg] |
| la (de) | skuff (m) | ['skʉf] |

## 65. Beddengoed

| | | |
|---|---|---|
| beddengoed (het) | sengetøy (n) | ['sɛŋə,tøj] |
| kussen (het) | pute (m/f) | ['pʉtə] |
| kussenovertrek (de) | putevar, putetrekk (n) | ['pʉtə,var], ['pʉtə,trɛk] |
| deken (de) | dyne (m/f) | ['dynə] |
| laken (het) | laken (n) | ['lakən] |
| sprei (de) | sengeteppe (n) | ['sɛŋə,tɛpə] |

## 66. Keuken

| | | |
|---|---|---|
| keuken (de) | kjøkken (n) | ['çœkən] |
| gas (het) | gass (m) | ['gas] |
| gasfornuis (het) | gasskomfyr (m) | ['gas kɔm,fyr] |
| elektrisch fornuis (het) | elektrisk komfyr (m) | [ɛ'lektrisk kɔm,fyr] |
| oven (de) | bakeovn (m) | ['bakə,ɔvn] |
| magnetronoven (de) | mikrobølgeovn (m) | ['mikrʉ,bølgə'ɔvn] |
| | | |
| koelkast (de) | kjøleskap (n) | ['çœlə,skap] |
| diepvriezer (de) | fryser (m) | ['frysər] |
| vaatwasmachine (de) | oppvaskmaskin (m) | ['ɔpvask ma,ṣin] |
| | | |
| vleesmolen (de) | kjøttkvern (m/f) | ['çœt,kvɛ:ɳ] |
| vruchtenpers (de) | juicepresse (m/f) | ['dʒʉs,prɛsə] |
| toaster (de) | brødrister (m) | ['brø,ristər] |
| mixer (de) | mikser (m) | ['miksər] |
| | | |
| koffiemachine (de) | kaffetrakter (m) | ['kafə,traktər] |
| koffiepot (de) | kaffekanne (m/f) | ['kafə,kanə] |
| koffiemolen (de) | kaffekvern (m/f) | ['kafə,kvɛ:ɳ] |
| | | |
| fluitketel (de) | tekjele (m) | ['te,çelə] |
| theepot (de) | tekanne (m/f) | ['te,kanə] |
| deksel (de/het) | lokk (n) | ['lɔk] |
| theezeefje (het) | tesil (m) | ['te,sil] |
| | | |
| lepel (de) | skje (m) | ['ṣe] |
| theelepeltje (het) | teskje (m) | ['te,ṣe] |
| eetlepel (de) | spiseskje (m) | ['spisə,ṣɛ] |
| vork (de) | gaffel (m) | ['gafəl] |
| mes (het) | kniv (m) | ['kniv] |
| | | |
| vaatwerk (het) | servise (n) | [sær'visə] |
| bord (het) | tallerken (m) | [ta'lærkən] |
| schoteltje (het) | tefat (n) | ['te,fat] |
| | | |
| likeurglas (het) | shotglass (n) | ['ṣɔt,glas] |
| glas (het) | glass (n) | ['glas] |
| kopje (het) | kopp (m) | ['kɔp] |
| | | |
| suikerpot (de) | sukkerskål (m/f) | ['sʉkər,skɔl] |
| zoutvat (het) | saltbøsse (m/f) | ['salt,bøsə] |
| pepervat (het) | pepperbøsse (m/f) | ['pɛpər,bøsə] |

| | | |
|---|---|---|
| boterschaaltje (het) | smørkopp (m) | ['smœr͵kɔp] |
| steelpan (de) | gryte (m/f) | ['grytə] |
| bakpan (de) | steikepanne (m/f) | ['stæjkə͵panə] |
| pollepel (de) | sleiv (m/f) | ['ʂlæjv] |
| vergiet (de/het) | dørslag (n) | ['dœʂlɑg] |
| dienblad (het) | brett (n) | ['brɛt] |
| | | |
| fles (de) | flaske (m) | ['flɑskə] |
| glazen pot (de) | glasskrukke (m/f) | ['glɑs͵krʉkə] |
| blik (conserven~) | boks (m) | ['bɔks] |
| | | |
| flesopener (de) | flaskeåpner (m) | ['flɑskə͵ɔpnər] |
| blikopener (de) | konservåpner (m) | ['kʊnsəv͵ɔpnər] |
| kurkentrekker (de) | korketrekker (m) | ['kɔrkə͵trɛkər] |
| filter (de/het) | filter (n) | ['filtər] |
| filteren (ww) | å filtrere | [ɔ fil'trerə] |
| | | |
| huisvuil (het) | søppel (m/f/n) | ['sœpəl] |
| vuilnisemmer (de) | søppelbøtte (m/f) | ['sœpəl͵bœtə] |

## 67. Badkamer

| | | |
|---|---|---|
| badkamer (de) | bad, baderom (n) | ['bɑd], ['bɑdə͵rʊm] |
| water (het) | vann (n) | ['vɑn] |
| kraan (de) | kran (m/f) | ['krɑn] |
| warm water (het) | varmt vann (n) | ['vɑrmt ͵vɑn] |
| koud water (het) | kaldt vann (n) | ['kɑlt vɑn] |
| | | |
| tandpasta (de) | tannpasta (m) | ['tɑn͵pɑstɑ] |
| tanden poetsen (ww) | å pusse tennene | [ɔ 'pʉsə 'tɛnənə] |
| tandenborstel (de) | tannbørste (m) | ['tɑn͵bœʂtə] |
| | | |
| zich scheren (ww) | å barbere seg | [ɔ bɑr'berə sæj] |
| scheercrème (de) | barberskum (n) | [bɑr'bɛ͵skʊm] |
| scheermes (het) | høvel (m) | ['høvəl] |
| | | |
| wassen (ww) | å vaske | [ɔ 'vɑskə] |
| een bad nemen | å vaske seg | [ɔ 'vɑskə sæj] |
| douche (de) | dusj (m) | ['dʉʂ] |
| een douche nemen | å ta en dusj | [ɔ 'tɑ en 'dʉʂ] |
| | | |
| bad (het) | badekar (n) | ['bɑdə͵kɑr] |
| toiletpot (de) | toalettstol (m) | [tʊɑ'let͵stʊl] |
| wastafel (de) | vaskeservant (m) | ['vɑskə͵sɛr'vɑnt] |
| | | |
| zeep (de) | såpe (m/f) | ['so:pə] |
| zeepbakje (het) | såpeskål (m/f) | ['so:pə͵skɔl] |
| | | |
| spons (de) | svamp (m) | ['svɑmp] |
| shampoo (de) | sjampo (m) | ['ʂɑm͵pʊ] |
| handdoek (de) | håndkle (n) | ['hɔn͵kle] |
| badjas (de) | badekåpe (m/f) | ['bɑdə͵ko:pə] |
| was (bijv. handwas) | vask (m) | ['vɑsk] |
| wasmachine (de) | vaskemaskin (m) | ['vɑskə mɑ͵ʂin] |

| de was doen | å vaske tøy | [ɔ 'vaskə 'tøj] |
| waspoeder (de) | vaskepulver (n) | ['vaskə,pʉlvər] |

## 68. Huishoudelijke apparaten

| televisie (de) | TV (m), TV-apparat (n) | ['tɛvɛ], ['tɛvɛ apa'rat] |
| cassettespeler (de) | båndopptaker (m) | ['bɔn,ɔptakər] |
| videorecorder (de) | video (m) | ['videʉ] |
| radio (de) | radio (m) | ['radiʉ] |
| speler (de) | spiller (m) | ['spilər] |

| videoprojector (de) | videoprojektor (m) | ['videʉ prɔ'jɛktɔr] |
| home theater systeem (het) | hjemmekino (m) | ['jɛmə,çinʉ] |
| DVD-speler (de) | DVD-spiller (m) | [deve'de ,spilər] |
| versterker (de) | forsterker (m) | [fɔ'stærkər] |
| spelconsole (de) | spillkonsoll (m) | ['spil kʉn'sɔl] |

| videocamera (de) | videokamera (n) | ['videʉ ,kamera] |
| fotocamera (de) | kamera (n) | ['kamera] |
| digitale camera (de) | digitalkamera (n) | [digi'tal ,kamera] |

| stofzuiger (de) | støvsuger (m) | ['støf,sʉgər] |
| strijkijzer (het) | strykejern (n) | ['strykə,jæ:n̩] |
| strijkplank (de) | strykebrett (n) | ['strykə,brɛt] |

| telefoon (de) | telefon (m) | [tele'fʉn] |
| mobieltje (het) | mobiltelefon (m) | [mʉ'bil tele'fʉn] |
| schrijfmachine (de) | skrivemaskin (m) | ['skrivə ma,ʂin] |
| naaimachine (de) | symaskin (m) | ['si:ma,ʂin] |

| microfoon (de) | mikrofon (m) | [mikrʉ'fʉn] |
| koptelefoon (de) | hodetelefoner (n pl) | ['hɔdətelə,fʉnər] |
| afstandsbediening (de) | fjernkontroll (m) | ['fjæ:n̩ kʉn'trɔl] |

| CD (de) | CD-rom (m) | ['sɛdɛ,rʊm] |
| cassette (de) | kassett (m) | [ka'sɛt] |
| vinylplaat (de) | plate, skive (m/f) | ['platə], ['ʂivə] |

# MENSELIJKE ACTIVITEITEN

## Baan. Business. Deel 1

### 69. Kantoor. Op kantoor werken

| | | |
|---|---|---|
| kantoor (het) | kontor (n) | [kʊn'tʊr] |
| kamer (de) | kontor (n) | [kʊn'tʊr] |
| receptie (de) | resepsjon (m) | [resɛp'ʂʊn] |
| secretaris (de) | sekretær (m) | [sɛkrə'tær] |
| secretaresse (de) | sekretær (m) | [sɛkrə'tær] |
| directeur (de) | direktør (m) | [dirɛk'tør] |
| manager (de) | manager (m) | ['mɛnidʒər] |
| boekhouder (de) | regnskapsfører (m) | ['rɛjnskaps,førər] |
| werknemer (de) | ansatt (n) | ['an,sat] |
| meubilair (het) | møbler (n pl) | ['møblər] |
| tafel (de) | bord (n) | ['bʊr] |
| bureaustoel (de) | arbeidsstol (m) | ['arbæjds,stʊl] |
| ladeblok (het) | skuffeseksjon (m) | ['skʉfə,sɛk'ʂʊn] |
| kapstok (de) | stumtjener (m) | ['stʉm,tjenər] |
| computer (de) | datamaskin (m) | ['data ma,ʂin] |
| printer (de) | skriver (m) | ['skrivər] |
| fax (de) | faks (m) | ['faks] |
| kopieerapparaat (het) | kopimaskin (m) | [kʊ'pi ma,ʂin] |
| papier (het) | papir (n) | [pa'pir] |
| kantoorartikelen (mv.) | kontorartikler (m pl) | [kʊn'tʊr a:'ʈiklər] |
| muismat (de) | musematte (m/f) | ['mʉsə,matə] |
| blad (het) | ark (n) | ['ark] |
| ordner (de) | mappe (m/f) | ['mapə] |
| catalogus (de) | katalog (m) | [kata'lɔg] |
| telefoongids (de) | telefonkatalog (m) | [tele'fʊn kata'lɔg] |
| documentatie (de) | dokumentasjon (m) | [dokʉmɛnta'ʂʊn] |
| brochure (de) | brosjyre (m) | [brɔ'ʂyrə] |
| flyer (de) | reklameblad (n) | [rɛ'klamə,bla] |
| monster (het), staal (de) | prøve (m) | ['prøvə] |
| training (de) | trening (m/f) | ['treniŋ] |
| vergadering (de) | møte (n) | ['møtə] |
| lunchpauze (de) | lunsj pause (m) | ['lʉnʂ ,pausə] |
| een kopie maken | å lage en kopi | [ɔ 'lagə en kʊ'pi] |
| de kopieën maken | å kopiere | [ɔ kʊ'pjerə] |
| een fax ontvangen | å motta faks | [ɔ 'mɔta ,faks] |
| een fax versturen | å sende faks | [ɔ 'sɛnə ,faks] |

| opbellen (ww) | à ringe | [ɔ 'riŋə] |
| antwoorden (ww) | à svare | [ɔ 'svɑrə] |
| doorverbinden (ww) | à sætte over til ... | [ɔ 'sætə 'ɔvər til ...] |

| afspreken (ww) | à arrangere | [ɔ arɑŋ'şerə] |
| demonstreren (ww) | à demonstrere | [ɔ demɔn'strerə] |
| absent zijn (ww) | à være fraværende | [ɔ 'værə 'frɑˌværənə] |
| afwezigheid (de) | fravær (n) | ['frɑˌvær] |

## 70. Bedrijfsprocessen. Deel 1

| bedrijf (business) | bedrift, handel (m) | [be'drift], ['hɑndəl] |
| zaak (de), beroep (het) | yrke (n) | ['yrkə] |
| firma (de) | firma (n) | ['firmɑ] |
| bedrijf (maatschap) | foretak (n) | ['forəˌtɑk] |
| corporatie (de) | korporasjon (m) | [kurpurɑ'şun] |
| onderneming (de) | foretak (n) | ['forəˌtɑk] |
| agentschap (het) | agentur (n) | [agɛn'tʉr] |

| overeenkomst (de) | avtale (m) | ['ɑvˌtɑlə] |
| contract (het) | kontrakt (m) | [kun'trɑkt] |
| transactie (de) | avtale (m) | ['ɑvˌtɑlə] |
| bestelling (de) | bestilling (m) | [be'stiliŋ] |
| voorwaarde (de) | vilkår (n) | ['vilˌkɔːr] |

| in het groot (bw) | en gros | [ɛn 'grɔ] |
| groothandels- (abn) | engros- | [ɛŋ'grɔ-] |
| groothandel (de) | engroshandel (m) | [ɛŋ'grɔˌhɑndəl] |
| kleinhandels- (abn) | detalj- | [de'tɑlj-] |
| kleinhandel (de) | detaljhandel (m) | [de'tɑljˌhɑndəl] |

| concurrent (de) | konkurrent (m) | [kunkʉ'rɛnt] |
| concurrentie (de) | konkurranse (m) | [kunkʉ'rɑnsə] |
| concurreren (ww) | à konkurrere | [ɔ kunkʉ'rerə] |

| partner (de) | partner (m) | ['pɑːʈnər] |
| partnerschap (het) | partnerskap (n) | ['pɑːʈnəˌşkɑp] |

| crisis (de) | krise (m/f) | ['krisə] |
| bankroet (het) | fallitt (m) | [fɑ'lit] |
| bankroet gaan (ww) | à gå konkurs | [ɔ 'gɔ kɔn'kʉş] |
| moeilijkheid (de) | vanskelighet (m) | ['vɑnskeliˌhet] |
| probleem (het) | problem (n) | [prʉ'blem] |
| catastrofe (de) | katastrofe (m) | [kɑtɑ'strɔfə] |

| economie (de) | økonomi (m) | [økunu'mi] |
| economisch (bn) | økonomisk | [økʉ'nɔmisk] |
| economische recessie (de) | økonomisk nedgang (m) | [økʉ'nɔmisk 'nedˌgɑŋ] |

| doel (het) | mål (n) | ['mol] |
| taak (de) | oppgave (m/f) | ['ɔpˌgɑvə] |

| handelen (handel drijven) | à handle | [ɔ 'hɑndlə] |
| netwerk (het) | nettverk (n) | ['nɛtˌværk] |

| | | |
|---|---|---|
| voorraad (de) | lager (n) | ['lagər] |
| assortiment (het) | sortiment (n) | [sɔ:ʈi'mɛn] |
| | | |
| leider (de) | leder (m) | ['ledər] |
| groot (bn) | stor | ['stʊr] |
| monopolie (het) | monopol (n) | [mʊnʊ'pɔl] |
| | | |
| theorie (de) | teori (m) | [teʊ'ri] |
| praktijk (de) | praksis (m) | ['praksis] |
| ervaring (de) | erfaring (m/f) | [ær'fariŋ] |
| tendentie (de) | tendens (m) | [tɛn'dɛns] |
| ontwikkeling (de) | utvikling (m/f) | ['ʉt‚vikliŋ] |

## 71. Bedrijfsprocessen. Deel 2

| | | |
|---|---|---|
| voordeel (het) | utbytte (n), fordel (m) | ['ʉt‚bytə], ['fɔ:ɖel] |
| voordelig (bn) | fordelaktig | [fɔ:ɖel'akti] |
| | | |
| delegatie (de) | delegasjon (m) | [delega'ʂʊn] |
| salaris (het) | lønn (m/f) | ['lœn] |
| corrigeren (fouten ~) | å rette | [ɔ 'rɛtə] |
| zakenreis (de) | forretningsreise (m/f) | [fɔ'rɛtniŋs‚ræjsə] |
| commissie (de) | provisjon (m) | [prʊvi'ʂʊn] |
| | | |
| controleren (ww) | å kontrollere | [ɔ kʊntrɔ'lerə] |
| conferentie (de) | konferanse (m) | [kʊnfə'ransə] |
| licentie (de) | lisens (m) | [li'sɛns] |
| betrouwbaar (partner, enz.) | pålitelig | [pɔ'liteli] |
| | | |
| aanzet (de) | initiativ (n) | [initsia'tiv] |
| norm (bijv. ~ stellen) | norm (m) | ['nɔrm] |
| omstandigheid (de) | omstendighet (m) | [ɔm'stɛndi‚het] |
| taak, plicht (de) | plikt (m/f) | ['plikt] |
| | | |
| organisatie (bedrijf, zaak) | organisasjon (m) | [ɔrganisa'ʂʊn] |
| organisatie (proces) | organisering (m) | [ɔrgani'seriŋ] |
| georganiseerd (bn) | organisert | [ɔrgani'sɛ:t] |
| afzegging (de) | avlysning (m/f) | ['av‚lʏsniŋ] |
| afzeggen (ww) | å avlyse, å annullere | [ɔ 'av‚lysə], [ɔ anʉ'lerə] |
| verslag (het) | rapport (m) | [ra'pɔ:t] |
| | | |
| patent (het) | patent (n) | [pa'tɛnt] |
| patenteren (ww) | å patentere | [ɔ paten'terə] |
| plannen (ww) | å planlegge | [ɔ 'plan‚legə] |
| | | |
| premie (de) | gratiale (n) | [gratsi'a:lə] |
| professioneel (bn) | professionel | [prʊ'fɛsiɔ‚nɛl] |
| procedure (de) | prosedyre (m) | [prʊsə'dyrə] |
| | | |
| onderzoeken (contract, enz.) | å undersøke | [ɔ 'ʉnə‚søkə] |
| berekening (de) | beregning (m/f) | [be'rɛjniŋ] |
| reputatie (de) | rykte (n) | ['rʏktə] |
| risico (het) | risiko (m) | ['risikʊ] |
| beheren (managen) | å styre, å lede | [ɔ 'styrə], [ɔ 'ledə] |

| | | |
|---|---|---|
| informatie (de) | opplysninger (m/f pl) | ['ɔp‚lʏsniŋər] |
| eigendom (bezit) | eiendom (m) | ['æjən‚dɔm] |
| unie (de) | forbund (n) | ['for‚bʉn] |

| | | |
|---|---|---|
| levensverzekering (de) | livsforsikring (m/f) | ['lifsfɔ‚şikriŋ] |
| verzekeren (ww) | å forsikre | [ɔ fɔ'şikrə] |
| verzekering (de) | forsikring (m/f) | [fɔ'şikriŋ] |

| | | |
|---|---|---|
| veiling (de) | auksjon (m) | [aʊk'şʉn] |
| verwittigen (ww) | å underrette | [ɔ 'ʉnə‚rɛtə] |
| beheer (het) | ledelse (m) | ['ledəlsə] |
| dienst (de) | tjeneste (m) | ['tjenɛstə] |

| | | |
|---|---|---|
| forum (het) | forum (n) | ['fɔrum] |
| functioneren (ww) | å fungere | [ɔ fʉ'ŋerə] |
| stap, etappe (de) | etappe (m) | [e'tapə] |
| juridisch (bn) | juridisk | [jʉ'ridisk] |
| jurist (de) | jurist (m) | [jʉ'rist] |

## 72. Productie. Werken

| | | |
|---|---|---|
| industriële installatie (fabriek) | verk (n) | ['værk] |
| fabriek (de) | fabrikk (m) | [fa'brik] |
| werkplaatsruimte (de) | verkstad (m) | ['værk‚stad] |
| productielocatie (de) | produksjonsplass (m) | [prʊdʊk'şʉns ‚plas] |

| | | |
|---|---|---|
| industrie (de) | industri (m) | [indʉ'stri] |
| industrieel (bn) | industriell | [indʉstri'ɛl] |
| zware industrie (de) | tungindustri (m) | ['tʉŋ ‚indʉ'stri] |
| lichte industrie (de) | lettindustri (m) | ['let‚indʉ'stri] |

| | | |
|---|---|---|
| productie (de) | produksjon (m) | [prʊdʊk'şʉn] |
| produceren (ww) | å produsere | [ɔ prʊdʉ'serə] |
| grondstof (de) | råstoffer (n pl) | ['rɔ‚stɔfər] |

| | | |
|---|---|---|
| voorman, ploegbaas (de) | formann, bas (m) | ['fɔrman], ['bas] |
| ploeg (de) | arbeidslag (n) | ['arbæjds‚lag] |
| arbeider (de) | arbeider (m) | ['ar‚bæjdər] |

| | | |
|---|---|---|
| werkdag (de) | arbeidsdag (m) | ['arbæjds‚da] |
| pauze (de) | hvilepause (m) | ['vilə‚paʊse] |
| samenkomst (de) | møte (n) | ['møtə] |
| bespreken (spreken over) | å drøfte, å diskutere | [ɔ 'drœftə], [ɔ diskʉ'terə] |

| | | |
|---|---|---|
| plan (het) | plan (m) | ['plan] |
| het plan uitvoeren | å oppfylle planen | [ɔ 'ɔp‚fʏlə 'planən] |
| productienorm (de) | produksjonsmål (n) | [prʊdʊk'şʉns ‚mol] |
| kwaliteit (de) | kvalitet (m) | [kvali'tɛt] |
| controle (de) | kontroll (m) | [kʊn'trɔl] |
| kwaliteitscontrole (de) | kvalitetskontroll (m) | [kvali'tɛt kʊn'trɔl] |

| | | |
|---|---|---|
| arbeidsveiligheid (de) | arbeidervern (n) | ['arbæjdər‚væ:ŋ] |
| discipline (de) | disiplin (m) | [disip'lin] |
| overtreding (de) | brudd (n) | ['brʉd] |

| overtreden (ww) | å bryte | [ɔ 'brytə] |
| staking (de) | streik (m) | ['stræjk] |
| staker (de) | streiker (m) | ['stræjkər] |
| staken (ww) | å streike | [ɔ 'stræjkə] |
| vakbond (de) | fagforening (m/f) | ['fagfɔˌreniŋ] |

| uitvinden (machine, enz.) | å oppfinne | [ɔ 'ɔpˌfinə] |
| uitvinding (de) | oppfinnelse (m) | ['ɔpˌfinəlsə] |
| onderzoek (het) | forskning (m) | ['fɔːʂkniŋ] |
| verbeteren (beter maken) | å forbedre | [ɔ fɔr'bɛdrə] |
| technologie (de) | teknologi (m) | [tɛknʊlʊ'gi] |
| technische tekening (de) | teknisk tegning (m/f) | ['tɛknisk ˌtæjniŋ] |

| vracht (de) | last (m/f) | ['lɑst] |
| lader (de) | lastearbeider (m) | ['lɑstəˈarˌbæjdər] |
| laden (vrachtwagen) | å laste | [ɔ 'lɑstə] |
| laden (het) | lasting (m/f) | ['lɑstiŋ] |

| lossen (ww) | å lesse av | [ɔ 'lesə ɑː] |
| lossen (het) | avlessing (m/f) | ['ɑvˌlesiŋ] |

| transport (het) | transport (m) | [trɑns'pɔːt] |
| transportbedrijf (de) | transportfirma (n) | [trɑns'pɔːt ˌfirmɑ] |
| transporteren (ww) | å transportere | [ɔ transpɔː'ʈerə] |

| goederenwagon (de) | godsvogn (m/f) | ['gʊ̈ts,vɔŋn] |
| tank (bijv. ketelwagen) | tank (m) | ['tɑnk] |
| vrachtwagen (de) | lastebil (m) | ['lɑstəˌbil] |

| machine (de) | verktøymaskin (m) | ['værktøj mɑˌʂin] |
| mechanisme (het) | mekanisme (m) | [meka'nismə] |

| industrieel afval (het) | industrielt avfall (n) | [indʉstri'ɛlt 'ɑvˌfɑl] |
| verpakking (de) | pakning (m/f) | ['pakniŋ] |
| verpakken (ww) | å pakke | [ɔ 'pakə] |

## 73. Contract. Overeenstemming

| contract (het) | kontrakt (m) | [kʊn'trɑkt] |
| overeenkomst (de) | avtale (m) | ['ɑvˌtalə] |
| bijlage (de) | tillegg, bilag (n) | ['tiˌleg], ['biˌlag] |

| een contract sluiten | å inngå kontrakt | [ɔ 'inˌgɔ kʊn'trɑkt] |
| handtekening (de) | underskrift (m/f) | ['ʉnəˌskrift] |
| ondertekenen (ww) | å underskrive | [ɔ 'ʉnəˌskrivə] |
| stempel (de) | stempel (n) | ['stɛmpəl] |

| voorwerp (het) van de overeenkomst | kontraktens gjenstand (m) | [kʊn'trɑktəns 'jɛnˌstan] |

| clausule (de) | klausul (m) | [klau'sʉl] |
| partijen (mv.) | parter (m pl) | ['pɑːʈər] |
| vestigingsadres (het) | juridisk adresse (m/f) | [jʉ'ridisk a'drɛsə] |
| het contract verbreken (overtreden) | å bryte kontrakten | [ɔ 'brytə kʊn'trɑktən] |

| verplichting (de) | forpliktelse (m) | [fɔr'pliktəlsə] |
| verantwoordelijkheid (de) | ansvar (n) | ['an,svar] |
| overmacht (de) | force majeure (m) | [,fɔrs ma'ʒøːr] |
| geschil (het) | tvist (m) | ['tvist] |
| sancties (mv.) | straffeavgifter (m pl) | ['strafə av'jiftər] |

## 74. Import & Export

| import (de) | import (m) | [im'pɔːt] |
| importeur (de) | importør (m) | [impɔː'tør] |
| importeren (ww) | å importere | [ɔ impɔː'terə] |
| import- (abn) | import- | [im'pɔːt-] |

| uitvoer (export) | eksport (m) | [ɛks'pɔːt] |
| exporteur (de) | eksportør (m) | [ɛkspɔː'tør] |
| exporteren (ww) | å eksportere | [ɔ ɛkspɔː'terə] |
| uitvoer- (bijv., ~goederen) | eksport- | [ɛks'pɔːt-] |

| goederen (mv.) | vare (m/f) | ['varə] |
| partij (de) | parti (n) | [pɑ:'ti] |

| gewicht (het) | vekt (m) | ['vɛkt] |
| volume (het) | volum (n) | [vɔ'lʉm] |
| kubieke meter (de) | kubikkmeter (m) | [kʉ'bik,metər] |

| producent (de) | produsent (m) | [prʉdʉ'sɛnt] |
| transportbedrijf (de) | transportfirma (n) | [trans'pɔːt ,firma] |
| container (de) | container (m) | [kɔn'tɛjnər] |

| grens (de) | grense (m/f) | ['grɛnsə] |
| douane (de) | toll (m) | ['tɔl] |
| douanerecht (het) | tollavgift (m) | ['tɔl av'jift] |
| douanier (de) | tollbetjent (m) | ['tɔlbe,tjɛnt] |
| smokkelen (het) | smugling (m/f) | ['smʉglin] |
| smokkelwaar (de) | smuglergods (n) | ['smʉglə,gʉts] |

## 75. Financiën

| aandeel (het) | aksje (m) | ['akʂə] |
| obligatie (de) | obligasjon (m) | [ɔbliga'ʂʊn] |
| wissel (de) | veksel (m) | ['vɛksəl] |

| beurs (de) | børs (m) | ['bœʂ] |
| aandelenkoers (de) | aksjekurs (m) | ['akʂə,kʉʂ] |

| dalen (ww) | å gå ned | [ɔ 'gɔ ne] |
| stijgen (ww) | å gå opp | [ɔ 'gɔ ɔp] |

| deel (het) | andel (m) | ['an,del] |
| meerderheidsbelang (het) | aksjemajoritet (m) | ['akʂə,majɔri'tet] |
| investeringen (mv.) | investering (m/f) | [inve'sterin] |
| investeren (ww) | å investere | [ɔ inve'sterə] |

| procent (het) | prosent (m) | [prʊ'sɛnt] |
| rente (de) | rente (m/f) | ['rɛntə] |

| winst (de) | profitt (m), fortjeneste (m/f) | [prɔ'fit], [fɔ:'tjenɛstə] |
| winstgevend (bn) | profitabel | [prɔfi'tabəl] |
| belasting (de) | skatt (m) | ['skat] |

| valuta (vreemde ~) | valuta (m) | [va'lʉta] |
| nationaal (bn) | nasjonal | [naʂʉ'nal] |
| ruil (de) | veksling (m/f) | ['vɛkʂliŋ] |

| boekhouder (de) | regnskapsfører (m) | ['rɛjnskaps̩førər] |
| boekhouding (de) | bokføring (m/f) | ['bʊk'føriŋ] |

| bankroet (het) | fallitt (m) | [fa'lit] |
| ondergang (de) | krakk (n) | ['krak] |
| faillissement (het) | ruin (m) | [rʉ'in] |
| geruïneerd zijn (ww) | å ruinere seg | [ɔ rʉi'nerə sæj] |
| inflatie (de) | inflasjon (m) | [infla'ʂʊn] |
| devaluatie (de) | devaluering (m) | [devalʉ'eriŋ] |

| kapitaal (het) | kapital (m) | [kapi'tal] |
| inkomen (het) | inntekt (m/f), innkomst (m) | ['in̩tɛkt], ['in̩kɔmst] |
| omzet (de) | omsetning (m/f) | ['ɔm̩sɛtniŋ] |
| middelen (mv.) | ressurser (m pl) | [re'sʉsər] |
| financiële middelen (mv.) | pengemidler (m pl) | ['pɛŋə̩midlər] |
| operationele kosten (mv.) | faste utgifter (m/f pl) | ['fastə 'ʉt̩jiftər] |
| reduceren (kosten ~) | å redusere | [ɔ redʉ'serə] |

## 76. Marketing

| marketing (de) | markedsføring (m/f) | ['markəds̩føriŋ] |
| markt (de) | marked (n) | ['markəd] |
| marktsegment (het) | markedssegment (n) | ['markəds seg'mɛnt] |
| product (het) | produkt (n) | [prʊ'dʉkt] |
| goederen (mv.) | vare (m/f) | ['varə] |

| merk (het) | merkenavn (n) | ['mærkə̩navn] |
| handelsmerk (het) | varemerke (n) | ['varə̩mærkə] |
| beeldmerk (het) | firmamerke (n) | ['firma̩mærkə] |
| logo (het) | logo (m) | ['lugʊ] |
| vraag (de) | etterspørsel (m) | ['ɛtə̩spœsəl] |
| aanbod (het) | tilbud (n) | ['til̩bʉd] |
| behoefte (de) | behov (n) | [be'hʊv] |
| consument (de) | forbruker (m) | [fɔr'brʉkər] |

| analyse (de) | analyse (m) | [ana'lysə] |
| analyseren (ww) | å analysere | [ɔ analy'serə] |
| positionering (de) | posisjonering (m/f) | [pʊsiʂʊ'neriŋ] |
| positioneren (ww) | å posisjonere | [ɔ pʊsiʂʊ'nerə] |

| prijs (de) | pris (m) | ['pris] |
| prijspolitiek (de) | prispolitikk (m) | ['pris pʊli'tik] |
| prijsvorming (de) | prisdannelse (m) | ['pris̩danəlsə] |

## 77. Reclame

| | | |
|---|---|---|
| reclame (de) | reklame (m) | [rɛ'klamə] |
| adverteren (ww) | å reklamere | [ɔ rɛkla'merə] |
| budget (het) | budsjett (n) | [bʉd'ʂɛt] |
| | | |
| advertentie, reclame (de) | annonse (m) | [a'nɔnsə] |
| TV-reclame (de) | TV-reklame (m) | ['tɛvɛ rɛ'klamə] |
| radioreclame (de) | radioreklame (m) | ['radiʉ rɛ'klamə] |
| buitenreclame (de) | utendørsreklame (m) | ['ʉtən͵dœʂ rɛ'klamə] |
| | | |
| massamedia (de) | massemedier (n pl) | ['masə͵mediər] |
| periodiek (de) | tidsskrift (n) | ['tid͵skrift] |
| imago (het) | image (m) | ['imidʒ] |
| | | |
| slagzin (de) | slogan (n) | ['slɔgan] |
| motto (het) | motto (n) | ['mɔtʉ] |
| | | |
| campagne (de) | kampanje (m) | [kam'panjə] |
| reclamecampagne (de) | reklamekampanje (m) | [rɛ'klamə kam'panjə] |
| doelpubliek (het) | målgruppe (m/f) | ['moːl͵grʉpə] |
| | | |
| visitekaartje (het) | visittkort (n) | [vi'sit͵kɔːt] |
| flyer (de) | reklameblad (n) | [rɛ'klamə͵bla] |
| brochure (de) | brosjyre (m) | [brɔ'ʂyrə] |
| folder (de) | folder (m) | ['fɔlər] |
| nieuwsbrief (de) | nyhetsbrev (n) | ['nyhets͵brev] |
| | | |
| gevelreclame (de) | skilt (n) | ['ʂilt] |
| poster (de) | plakat, poster (m) | ['pla͵kat], ['pɔstər] |
| aanplakbord (het) | reklameskilt (m/f) | [rɛ'klamə͵ʂilt] |

## 78. Bankieren

| | | |
|---|---|---|
| bank (de) | bank (m) | ['bank] |
| bankfiliaal (het) | avdeling (m) | ['av͵deliŋ] |
| | | |
| bankbediende (de) | konsulent (m) | [kʉnsʉ'lent] |
| manager (de) | forstander (m) | [fɔ'ʂtandər] |
| | | |
| bankrekening (de) | bankkonto (m) | ['bank͵kɔntʉ] |
| rekeningnummer (het) | kontonummer (n) | ['kɔntʉ͵nʉmər] |
| lopende rekening (de) | sjekkonto (m) | ['ʂɛk͵kɔntʉ] |
| spaarrekening (de) | sparekonto (m) | ['sparə͵kɔntʉ] |
| | | |
| een rekening openen | å åpne en konto | [ɔ 'ɔpnə en 'kɔntʉ] |
| de rekening sluiten | å lukke kontoen | [ɔ 'lʉkə 'kɔntʉən] |
| op rekening storten | å sette inn på kontoen | [ɔ 'sɛtə in pɔ 'kɔntʉən] |
| opnemen (ww) | å ta ut fra kontoen | [ɔ 'ta ʉt fra 'kɔntʉən] |
| | | |
| storting (de) | innskudd (n) | ['in͵skʉd] |
| een storting maken | å sette inn | [ɔ 'sɛtə in] |
| overschrijving (de) | overføring (m/f) | ['ɔvər͵føriŋ] |

| een overschrijving maken | å overføre | [ɔ 'ɔvərˌførə] |
| som (de) | sum (m) | ['sʉm] |
| Hoeveel? | Hvor mye? | [vʊr 'mye] |

| handtekening (de) | underskrift (m/f) | ['ʉnəˌskrift] |
| ondertekenen (ww) | å underskrive | [ɔ 'ʉnəˌskrivə] |

| kredietkaart (de) | kredittkort (n) | [krɛ'ditˌkɔːt] |
| code (de) | kode (m) | ['kʊdə] |
| kredietkaartnummer (het) | kreditkortnummer (n) | [krɛ'ditˌkɔːt 'nʉmər] |
| geldautomaat (de) | minibank (m) | ['miniˌbɑnk] |

| cheque (de) | sjekk (m) | ['ʂɛk] |
| een cheque uitschrijven | å skrive en sjekk | [ɔ 'skrivə en 'ʂɛk] |
| chequeboekje (het) | sjekkbok (m/f) | ['ʂɛkˌbʊk] |

| lening, krediet (de) | lån (n) | ['lɔn] |
| een lening aanvragen | å søke om lån | [ɔ ˌsøkə ɔm 'lɔn] |
| een lening nemen | å få lån | [ɔ 'fɔ 'lɔn] |
| een lening verlenen | å gi lån | [ɔ 'ji 'lɔn] |
| garantie (de) | garanti (m) | [gɑrɑn'ti] |

## 79. Telefoon. Telefoongesprek

| telefoon (de) | telefon (m) | [tele'fʊn] |
| mobieltje (het) | mobiltelefon (m) | [mʊ'bil tele'fʊn] |
| antwoordapparaat (het) | telefonsvarer (m) | [tele'fʊnˌsvɑrər] |

| bellen (ww) | å ringe | [ɔ 'riŋə] |
| belletje (telefoontje) | telefonsamtale (m) | [tele'fʊn 'sɑmˌtɑlə] |

| een nummer draaien | å slå et nummer | [ɔ 'ʂlɔ et 'nʉmər] |
| Hallo! | Hallo! | [hɑ'lʊ] |
| vragen (ww) | å spørre | [ɔ 'spørə] |
| antwoorden (ww) | å svare | [ɔ 'svɑrə] |
| horen (ww) | å høre | [ɔ 'hørə] |
| goed (bw) | godt | ['gɔt] |
| slecht (bw) | dårlig | ['dɔːli] |
| storingen (mv.) | støy (m) | ['støj] |

| hoorn (de) | telefonrør (n) | [tele'fʊnˌrør] |
| opnemen (ww) | å ta telefonen | [ɔ 'ta tele'fʊnən] |
| ophangen (ww) | å legge på røret | [ɔ 'legə pɔ 'rørə] |

| bezet (bn) | opptatt | ['ɔpˌtat] |
| overgaan (ww) | å ringe | [ɔ 'riŋə] |
| telefoonboek (het) | telefonkatalog (m) | [tele'fʊn kata'lɔg] |

| lokaal (bn) | lokal- | [lʊ'kal-] |
| lokaal gesprek (het) | lokalsamtale (m) | [lʊ'kal 'sɑmˌtɑlə] |
| interlokaal (bn) | riks- | ['riks-] |
| interlokaal gesprek (het) | rikssamtale (m) | ['riks 'sɑmˌtɑlə] |
| buitenlands (bn) | internasjonal | ['intɛːɳɑʂʉˌnal] |
| buitenlands gesprek (het) | internasjonal samtale (m) | ['intɛːɳɑʂʉˌnal 'sɑmˌtɑlə] |

## 80. Mobiele telefoon

| | | |
|---|---|---|
| mobieltje (het) | mobiltelefon (m) | [mʊ'bil tele'fʊn] |
| scherm (het) | skjerm (m) | ['ʂærm] |
| toets, knop (de) | knapp (m) | ['knɑp] |
| simkaart (de) | SIM-kort (n) | ['sim‚kɔːt] |
| | | |
| batterij (de) | batteri (n) | [batɛ'ri] |
| leeg zijn (ww) | å bli utladet | [ɔ 'bli 'ʉt‚lɑdət] |
| acculader (de) | lader (m) | ['lɑdər] |
| | | |
| menu (het) | meny (m) | [me'ny] |
| instellingen (mv.) | innstillinger (m/f pl) | ['in‚stiliŋər] |
| melodie (beltoon) | melodi (m) | [melɔ'di] |
| selecteren (ww) | å velge | [ɔ 'vɛlgə] |
| | | |
| rekenmachine (de) | regnemaskin (m) | ['rɛjnə mɑ‚ʂin] |
| voicemail (de) | telefonsvarer (m) | [tele'fʊn‚svɑrər] |
| wekker (de) | vekkerklokka (m/f) | ['vɛkər‚klɔka] |
| contacten (mv.) | kontakter (m pl) | [kʊn'taktər] |
| | | |
| SMS-bericht (het) | SMS-beskjed (m) | [ɛsɛm'ɛs bɛ‚ʂɛ] |
| abonnee (de) | abonnent (m) | [abɔ'nɛnt] |

## 81. Schrijfbehoeften

| | | |
|---|---|---|
| balpen (de) | kulepenn (m) | ['kʉːlə‚pɛn] |
| vulpen (de) | fyllepenn (m) | ['fʏlə‚pɛn] |
| | | |
| potlood (het) | blyant (m) | ['bly‚ant] |
| marker (de) | merkepenn (m) | ['mærkə‚pɛn] |
| viltstift (de) | tusjpenn (m) | ['tʉʂ‚pɛn] |
| | | |
| notitieboekje (het) | notatbok (m/f) | [nʊ'tat‚bʉk] |
| agenda (boekje) | dagbok (m/f) | ['dɑg‚bʉk] |
| | | |
| liniaal (de/het) | linjal (m) | [li'njal] |
| rekenmachine (de) | regnemaskin (m) | ['rɛjnə mɑ‚ʂin] |
| gom (de) | viskelær (n) | ['viskə‚lær] |
| punaise (de) | tegnestift (m) | ['tæjnə‚stift] |
| paperclip (de) | binders (m) | ['bindɛʂ] |
| | | |
| lijm (de) | lim (n) | ['lim] |
| nietmachine (de) | stiftemaskin (m) | ['stiftə mɑ‚ʂin] |
| perforator (de) | hullemaskin (m) | ['hʉlə mɑ‚ʂin] |
| potloodslijper (de) | blyantspisser (m) | ['blyant‚spisər] |

## 82. Soorten bedrijven

| | | |
|---|---|---|
| boekhouddiensten (mv.) | bokføringstjenester (m pl) | ['bʉk‚føriŋs 'tjenɛstər] |
| reclame (de) | reklame (m) | [rɛ'klamə] |

| | | |
|---|---|---|
| reclamebureau (het) | reklamebyrå (n) | [rɛ'klamə by,ro] |
| airconditioning (de) | klimaanlegg (n pl) | ['klima'an,leg] |
| luchtvaartmaatschappij (de) | flyselskap (n) | ['flysəl,skap] |
| | | |
| alcoholische dranken (mv.) | alkoholholdige drikke (m pl) | [alkʊ'hʊl,hɔldiə 'drikə] |
| antiek (het) | antikviteter (m pl) | [antikvi'tetər] |
| kunstgalerie (de) | kunstgalleri (n) | ['kʉnst gale'ri] |
| audit diensten (mv.) | revisjonstjenester (m pl) | [revi'sʉns,tjenɛstər] |
| | | |
| banken (mv.) | bankvirksomhet (m/f) | ['bank,virksɔmhet] |
| bar (de) | bar (m) | ['bar] |
| schoonheidssalon (de/het) | skjønnhetssalong (m) | ['sønhɛts sa'lɔŋ] |
| boekhandel (de) | bokhandel (m) | ['bʊk,handəl] |
| bierbrouwerij (de) | bryggeri (n) | [brʏge'ri] |
| zakencentrum (het) | forretningssenter (n) | [fɔ'rɛtniŋs,sɛntər] |
| business school (de) | handelsskole (m) | ['handəls,skʊlə] |
| | | |
| casino (het) | kasino (n) | [ka'sinʊ] |
| bouwbedrijven (mv.) | byggeri (m/f) | [bʏgə'ri] |
| adviesbureau (het) | konsulenttjenester (m pl) | [kʊnsu'lent ,tjenɛstər] |
| | | |
| tandheelkunde (de) | tannklinik (m) | ['tankli'nik] |
| design (het) | design (m) | ['desajn] |
| apotheek (de) | apotek (n) | [apʊ'tek] |
| stomerij (de) | renseri (n) | [rɛnse'ri] |
| uitzendbureau (het) | rekrutteringsbyrå (n) | ['rekrʉ,teriŋs by,ro] |
| | | |
| financiële diensten (mv.) | finansielle tjenester (m pl) | [finan'sielə ,tjenɛstər] |
| voedingswaren (mv.) | matvarer (m/f pl) | ['mat,varər] |
| uitvaartcentrum (het) | begravelsesbyrå (n) | [be'gravelsəs by,ro] |
| meubilair (het) | møbler (n pl) | ['møblər] |
| kleding (de) | klær (n) | ['klær] |
| hotel (het) | hotell (n) | [hʊ'tɛl] |
| | | |
| IJsje (het) | iskrem (m) | ['iskrɛm] |
| industrie (de) | industri (m) | [indʉ'stri] |
| verzekering (de) | forsikring (m/f) | [fɔ'sikriŋ] |
| Internet (het) | Internett | ['intə,nɛt] |
| investeringen (mv.) | investering (m/f) | [inve'steriŋ] |
| | | |
| juwelier (de) | juveler (m) | [jʉ'velər] |
| juwelen (mv.) | smykker (n pl) | ['smʏkər] |
| wasserette (de) | vaskeri (n) | [vaske'ri] |
| juridische diensten (mv.) | juridisk rådgiver (m pl) | [jʉ'ridisk 'rɔdjiver] |
| lichte industrie (de) | lettindustri (m) | ['let,indʉ'stri] |
| | | |
| tijdschrift (het) | magasin, tidsskrift (n) | [maga'sin], ['tid,skrift] |
| postorderbedrijven (mv.) | postordresalg (m) | ['pɔst,ɔrdrə'salg] |
| medicijnen (mv.) | medisin (m) | [medi'sin] |
| bioscoop (de) | kino (m) | ['çinʊ] |
| museum (het) | museum (n) | [mʉ'seum] |
| | | |
| persbureau (het) | nyhetsbyrå (n) | ['nyhets by,ro] |
| krant (de) | avis (m/f) | [a'vis] |
| nachtclub (de) | nattklubb (m) | ['nat,klʉb] |
| olie (aardolie) | olje (m) | ['ɔljə] |

77

| | | |
|---|---|---|
| koerierdienst (de) | **budtjeneste** (m) | [bʉd'tjenɛstə] |
| geneesmiddelen (mv.) | **legemidler** (pl) | ['legə'midlər] |
| drukkerij (de) | **trykkeri** (n) | [trʏkə'ri] |
| uitgeverij (de) | **forlag** (n) | ['fɔːlɑg] |
| | | |
| radio (de) | **radio** (m) | ['rɑdiʉ] |
| vastgoed (het) | **fast eiendom** (m) | [ˌfɑst 'æjənˌdɔm] |
| restaurant (het) | **restaurant** (m) | [rɛstʉ'rɑŋ] |
| | | |
| bewakingsfirma (de) | **sikkerhetsselskap** (n) | ['sikərhɛts 'selˌskɑp] |
| sport (de) | **sport, idrett** (m) | ['spɔːt], ['idrɛt] |
| handelsbeurs (de) | **børs** (m) | ['bœʂ] |
| winkel (de) | **forretning, butikk** (m) | [fo'rɛtniŋ], [bʉ'tik] |
| supermarkt (de) | **supermarked** (n) | ['sʉpəˌmɑrket] |
| zwembad (het) | **svømmebasseng** (n) | ['svœməˌbɑ'sɛŋ] |
| | | |
| naaiatelier (het) | **skredderi** (n) | [skrɛde'ri] |
| televisie (de) | **televisjon** (m) | ['televiˌʂʉn] |
| theater (het) | **teater** (n) | [te'ɑtər] |
| handel (de) | **handel** (m) | ['hɑndəl] |
| transport (het) | **transport** (m) | [trɑns'pɔːt] |
| toerisme (het) | **turisme** (m) | [tʉ'rismə] |
| | | |
| dierenarts (de) | **dyrlege, veterinær** (m) | ['dyrˌlegə], [veteri'nær] |
| magazijn (het) | **lager** (n) | ['lɑgər] |
| afvalinzameling (de) | **avfallstømming** (m/f) | ['ɑvfɑlsˌtømiŋ] |

# Baan. Business. Deel 2

## 83. Show. Tentoonstelling

| | | |
|---|---|---|
| beurs (de) | messe (m/f) | ['mɛsə] |
| vakbeurs, handelsbeurs (de) | varemesse (m/f) | ['varə,mɛsə] |
| deelneming (de) | deltagelse (m) | ['del,tagəlsə] |
| deelnemen (ww) | å delta | [ɔ 'dɛlta] |
| deelnemer (de) | deltaker (m) | ['del,takər] |
| directeur (de) | direktør (m) | [direk'tør] |
| organisatiecomité (het) | arrangørkontor (m) | [araŋ'şør kʉn'tʉr] |
| organisator (de) | arrangør (m) | [araŋ'şør] |
| organiseren (ww) | å organisere | [ɔ ɔrgani'serə] |
| deelnemingsaanvraag (de) | påmeldingsskjema (n) | ['pɔmeliŋs,şɛma] |
| invullen (een formulier ~) | å utfylle | [ɔ 'ʉt,fʏlə] |
| details (mv.) | detaljer (m pl) | [de'taljər] |
| informatie (de) | informasjon (m) | [infɔrma'şʉn] |
| prijs (de) | pris (m) | ['pris] |
| inclusief (bijv. ~ BTW) | inklusive | ['inklʉ,sivə] |
| inbegrepen (alles ~) | å inkludere | [ɔ inklʉ'derə] |
| betalen (ww) | å betale | [ɔ be'talə] |
| registratietarief (het) | registreringsavgift (m/f) | [rɛgi'strɛriŋs av'jift] |
| ingang (de) | inngang (m) | ['in,gaŋ] |
| paviljoen (het), hal (de) | paviljong (m) | [pavi'ljoŋ] |
| registreren (ww) | å registrere | [ɔ regi'strerə] |
| badge, kaart (de) | badge (n) | ['bædʒ] |
| beursstand (de) | messestand (m) | ['mɛsə,stan] |
| reserveren (een stand ~) | å reservere | [ɔ resɛr'verə] |
| vitrine (de) | glassmonter (m) | ['glas,mɔntər] |
| licht (het) | lampe (m/f), spotlys (n) | ['lampə], ['spɔt,lys] |
| design (het) | design (m) | ['desajn] |
| plaatsen (ww) | å plassere | [ɔ pla'serə] |
| geplaatst zijn (ww) | å bli plasseret | [ɔ 'bli pla'serət] |
| distributeur (de) | distributør (m) | [distribʉ'tør] |
| leverancier (de) | leverandør (m) | [levəran'dør] |
| leveren (ww) | å levere | [ɔ le'verə] |
| land (het) | land (n) | ['lan] |
| buitenlands (bn) | utenlandsk | ['ʉtən,lansk] |
| product (het) | produkt (n) | [prʉ'dʉkt] |
| associatie (de) | forening (m/f) | [fɔ'reniŋ] |
| conferentiezaal (de) | konferansesal (m) | [kʉnfə'ransə,sal] |

| | | |
|---|---|---|
| congres (het) | kongress (m) | [kʊn'grɛs] |
| wedstrijd (de) | tevling (m) | ['tɛvliŋ] |

| | | |
|---|---|---|
| bezoeker (de) | besøkende (m) | [be'søkenə] |
| bezoeken (ww) | å besøke | [ɔ be'søkə] |
| afnemer (de) | kunde (m) | ['kʉndə] |

## 84. Wetenschap. Onderzoek. Wetenschappers

| | | |
|---|---|---|
| wetenschap (de) | vitenskap (m) | ['vitən͵skap] |
| wetenschappelijk (bn) | vitenskapelig | ['vitən͵skapəli] |
| wetenschapper (de) | vitenskapsmann (m) | ['vitən͵skaps man] |
| theorie (de) | teori (m) | [teʊ'ri] |

| | | |
|---|---|---|
| axioma (het) | aksiom (n) | [aksi'ɔm] |
| analyse (de) | analyse (m) | [ana'lysə] |
| analyseren (ww) | å analysere | [ɔ analy'serə] |
| argument (het) | argument (n) | [argʉ'mɛnt] |
| substantie (de) | stoff (n), substans (m) | ['stɔf], [sʊb'stans] |

| | | |
|---|---|---|
| hypothese (de) | hypotese (m) | [hypʊ'tesə] |
| dilemma (het) | dilemma (n) | [di'lema] |
| dissertatie (de) | avhandling (m/f) | ['av͵handliŋ] |
| dogma (het) | dogme (n) | ['dɔgmə] |

| | | |
|---|---|---|
| doctrine (de) | doktrine (m) | [dɔk'trinə] |
| onderzoek (het) | forskning (m) | ['fɔːʂkniŋ] |
| onderzoeken (ww) | å forske | [ɔ 'fɔːʂkə] |
| toetsing (de) | test (m), prøve (m/f) | ['tɛst], ['prøvə] |
| laboratorium (het) | laboratorium (n) | [labʊra'tɔrium] |

| | | |
|---|---|---|
| methode (de) | metode (m) | [me'tɔdə] |
| molecule (de/het) | molekyl (n) | [mʊle'kyl] |
| monitoring (de) | overvåking (m/f) | ['ɔvər͵vɔkiŋ] |
| ontdekking (de) | oppdagelse (m) | ['ɔp͵dagəlsə] |

| | | |
|---|---|---|
| postulaat (het) | postulat (n) | [postʉ'lat] |
| principe (het) | prinsipp (n) | [prin'sip] |
| voorspelling (de) | prognose (m) | [prʊg'nʊsə] |
| een prognose maken | å prognostisere | [ɔ prʊgnʊsti'serə] |

| | | |
|---|---|---|
| synthese (de) | syntese (m) | [syn'tesə] |
| tendentie (de) | tendens (m) | [tɛn'dɛns] |
| theorema (het) | teorem (n) | [teʊ'rɛm] |

| | | |
|---|---|---|
| leerstellingen (mv.) | lære (m/f pl) | ['lærə] |
| feit (het) | faktum (n) | ['faktum] |
| expeditie (de) | ekspedisjon (m) | [ɛkspedi'ʂʊn] |
| experiment (het) | eksperiment (n) | [ɛksperi'mɛnt] |

| | | |
|---|---|---|
| academicus (de) | akademiker (m) | [aka'demikər] |
| bachelor (bijv. BA, LLB) | bachelor (m) | ['batʂɛlɔr] |
| doctor (de) | doktor (m) | ['dɔktʊr] |
| universitair docent (de) | dosent (m) | [dʊ'sɛnt] |

| | | |
|---|---|---|
| master, magister (de) | **magister** (m) | [mɑ'gistər] |
| professor (de) | **professor** (m) | [prʊ'fɛsʊr] |

# Beroepen en ambachten

## 85. Zoeken naar werk. Ontslag

| baan (de) | arbeid (n), jobb (m) | ['arbæj], ['job] |
|---|---|---|
| werknemers (mv.) | ansatte (pl) | ['an‚satə] |
| personeel (het) | personale (n) | [pæʂu'nalə] |
| carrière (de) | karriere (m) | [kari'ɛrə] |
| vooruitzichten (mv.) | utsikter (m pl) | ['ʉt‚siktər] |
| meesterschap (het) | mesterskap (n) | ['mɛstæ‚ʂkap] |
| keuze (de) | utvelgelse (m) | ['ʉt‚vɛlgəlsə] |
| uitzendbureau (het) | rekrutteringsbyrå (n) | ['rekrʉ‚teriŋs by‚ro] |
| CV, curriculum vitae (het) | CV (m/n) | ['sɛvɛ] |
| sollicitatiegesprek (het) | jobbintervju (n) | ['job ‚intər'vjʉ] |
| vacature (de) | vakanse (m) | ['vakansə] |
| salaris (het) | lønn (m/f) | ['lœn] |
| vaste salaris (het) | fastlønn (m/f) | ['fast‚lœn] |
| loon (het) | betaling (m/f) | [be'taliŋ] |
| betrekking (de) | stilling (m/f) | ['stiliŋ] |
| taak, plicht (de) | plikt (m/f) | ['plikt] |
| takenpakket (het) | arbeidsplikter (m/f pl) | ['arbæjds‚pliktər] |
| bezig (~ zijn) | opptatt | ['ɔp‚tat] |
| ontslagen (ww) | å avskjedige | [ɔ 'af‚ʂedigə] |
| ontslag (het) | avskjedigelse (m) | ['afʂe‚digəlsə] |
| werkloosheid (de) | arbeidsløshet (m) | ['arbæjdsløs‚het] |
| werkloze (de) | arbeidsløs (m) | ['arbæjds‚løs] |
| pensioen (het) | pensjon (m) | [pan'ʂʉn] |
| met pensioen gaan | å gå av med pensjon | [ɔ 'gɔ ɑ: me pan'ʂʉn] |

## 86. Zakenmensen

| directeur (de) | direktør (m) | [dirɛk'tør] |
|---|---|---|
| beheerder (de) | forstander (m) | [fo'ʂtandər] |
| hoofd (het) | boss (m) | ['bɔs] |
| baas (de) | overordnet (m) | ['ɔvər‚ordnet] |
| superieuren (mv.) | overordnede (pl) | ['ɔvər‚ordnedə] |
| president (de) | president (m) | [prɛsi'dɛnt] |
| voorzitter (de) | styreformann (m) | ['styrə‚forman] |
| adjunct (de) | stedfortreder (m) | ['stedfɔ:‚tredər] |
| assistent (de) | assistent (m) | [asi'stɛnt] |

| | | |
|---|---|---|
| secretaris (de) | sekretær (m) | [sɛkrə'tær] |
| persoonlijke assistent (de) | privatsekretær (m) | [pri'vɑt sɛkrə'tær] |

| | | |
|---|---|---|
| zakenman (de) | forretningsmann (m) | [fɔ'rɛtniŋs̩mɑn] |
| ondernemer (de) | entreprenør (m) | [ɛntreprə'nør] |
| oprichter (de) | grunnlegger (m) | ['grʉn͵legər] |
| oprichten | å grunnlegge, å stifte | [ɔ 'grʉn͵legə], [ɔ 'stiftə] |
| (een nieuw bedrijf ~) | | |

| | | |
|---|---|---|
| stichter (de) | stifter (m) | ['stiftər] |
| partner (de) | partner (m) | ['pɑː͡tnər] |
| aandeelhouder (de) | aksjonær (m) | [akʂʉ'nær] |

| | | |
|---|---|---|
| miljonair (de) | millionær (m) | [milju'nær] |
| miljardair (de) | milliardær (m) | [milja:'dær] |
| eigenaar (de) | eier (m) | ['æejər] |
| landeigenaar (de) | jordeier (m) | ['juːr͵æejər] |

| | | |
|---|---|---|
| klant (de) | kunde (m) | ['kʉndə] |
| vaste klant (de) | fast kunde (m) | [͵fɑst 'kʉndə] |
| koper (de) | kjøper (m) | ['çœːpər] |
| bezoeker (de) | besøkende (m) | [be'søkenə] |
| professioneel (de) | yrkesmann (m) | ['yrkəs͵mɑn] |
| expert (de) | ekspert (m) | [ɛks'pæːt] |
| specialist (de) | spesialist (m) | [spesiɑ'list] |

| | | |
|---|---|---|
| bankier (de) | bankier (m) | [bɑnki'e] |
| makelaar (de) | mekler, megler (m) | ['mɛklər] |

| | | |
|---|---|---|
| kassier (de) | kasserer (m) | [kɑ'serər] |
| boekhouder (de) | regnskapsfører (m) | ['rɛjnskɑps͵førər] |
| bewaker (de) | sikkerhetsvakt (m/f) | ['sikərhɛts͵vɑkt] |

| | | |
|---|---|---|
| investeerder (de) | investor (m) | [in'vɛstʉr] |
| schuldenaar (de) | skyldner (m) | ['ʂylnər] |
| crediteur (de) | kreditor (m) | ['krɛditʉr] |
| lener (de) | låntaker (m) | ['lɔn͵tɑkər] |

| | | |
|---|---|---|
| importeur (de) | importør (m) | [impɔ:'tør] |
| exporteur (de) | eksportør (m) | [ɛkspɔ:'tør] |

| | | |
|---|---|---|
| producent (de) | produsent (m) | [prʉdʉ'sɛnt] |
| distributeur (de) | distributør (m) | [distribʉ'tør] |
| bemiddelaar (de) | mellommann (m) | ['mɛlɔ͵mɑn] |

| | | |
|---|---|---|
| adviseur, consulent (de) | konsulent (m) | [kʉnsʉ'lent] |
| vertegenwoordiger (de) | representant (m) | [represɛn'tɑnt] |
| agent (de) | agent (m) | [ɑ'gɛnt] |
| verzekeringsagent (de) | forsikringsagent (m) | [fɔ'ʂikriŋs ɑ'gɛnt] |

## 87. Dienstverlenende beroepen

| | | |
|---|---|---|
| kok (de) | kokk (m) | ['kʉk] |
| chef-kok (de) | sjefkokk (m) | ['ʂɛf͵kʉk] |

| bakker (de) | baker (m) | ['bakər] |
| barman (de) | bartender (m) | ['ba:ˌtɛndər] |
| kelner, ober (de) | servitør (m) | ['særvi'tør] |
| serveerster (de) | servitrise (m/f) | [særvi'trisə] |

| advocaat (de) | advokat (m) | [advʊ'kat] |
| jurist (de) | jurist (m) | [jʉ'rist] |
| notaris (de) | notar (m) | [nʊ'tar] |

| elektricien (de) | elektriker (m) | [ɛ'lektrikər] |
| loodgieter (de) | rørlegger (m) | ['rørˌlegər] |
| timmerman (de) | tømmermann (m) | ['tœmərˌman] |

| masseur (de) | massør (m) | [ma'sør] |
| masseuse (de) | massøse (m) | [ma'søsə] |
| dokter, arts (de) | lege (m) | ['legə] |

| taxichauffeur (de) | taxisjåfør (m) | ['taksi ʂɔ'før] |
| chauffeur (de) | sjåfør (m) | [ʂɔ'før] |
| koerier (de) | bud (n) | ['bʉd] |

| kamermeisje (het) | stuepike (m/f) | ['stʉəˌpikə] |
| bewaker (de) | sikkerhetsvakt (m/f) | ['sikərhɛtsˌvakt] |
| stewardess (de) | flyvertinne (m/f) | [flyvɛ:'ţinə] |

| meester (de) | lærer (m) | ['lærər] |
| bibliothecaris (de) | bibliotekar (m) | [bibliʊ'tekar] |
| vertaler (de) | oversetter (m) | ['ɔvəˌsɛtər] |
| tolk (de) | tolk (m) | ['tɔlk] |
| gids (de) | guide (m) | ['gajd] |

| kapper (de) | frisør (m) | [fri'sør] |
| postbode (de) | postbud (n) | ['pɔstˌbʉd] |
| verkoper (de) | forselger (m) | [fo'sɛlər] |

| tuinman (de) | gartner (m) | ['ga:ţnər] |
| huisbediende (de) | tjener (m) | ['tjenər] |
| dienstmeisje (het) | tjenestepike (m/f) | ['tjenɛstəˌpikə] |
| schoonmaakster (de) | vaskedame (m/f) | ['vaskəˌdamə] |

## 88. Militaire beroepen en rangen

| soldaat (rang) | menig (m) | ['meni] |
| sergeant (de) | sersjant (m) | [sær'ʂant] |
| luitenant (de) | løytnant (m) | ['løjtˌnant] |
| kapitein (de) | kaptein (m) | [kap'tæjn] |

| majoor (de) | major (m) | [ma'jɔr] |
| kolonel (de) | oberst (m) | ['ʊbɛşt] |
| generaal (de) | general (m) | [gene'ral] |
| maarschalk (de) | marskalk (m) | ['marʂal] |
| admiraal (de) | admiral (m) | [admi'ral] |
| militair (de) | militær (m) | [mili'tær] |
| soldaat (de) | soldat (m) | [sʊl'dat] |

| officier (de) | offiser (m) | [ɔfi'sɛr] |
| commandant (de) | befalshaver (m) | [be'fals,havər] |

| grenswachter (de) | grensevakt (m/f) | ['grɛnsə,vakt] |
| marconist (de) | radiooperatør (m) | ['radiʊ ʊpəra'tør] |
| verkenner (de) | oppklaringssoldat (m) | ['ɔp,klariŋ sʊl'dat] |
| sappeur (de) | pioner (m) | [piʊ'ner] |
| schutter (de) | skytter (m) | ['ʂytər] |
| stuurman (de) | styrmann (m) | ['styr,man] |

## 89. Ambtenaren. Priesters

| koning (de) | konge (m) | ['kʊŋə] |
| koningin (de) | dronning (m/f) | ['drɔniŋ] |

| prins (de) | prins (m) | ['prins] |
| prinses (de) | prinsesse (m/f) | [prin'sɛsə] |

| tsaar (de) | tsar (m) | ['tsar] |
| tsarina (de) | tsarina (m) | [tsa'rina] |

| president (de) | president (m) | [prɛsi'dɛnt] |
| minister (de) | minister (m) | [mi'nistər] |
| eerste minister (de) | statsminister (m) | ['stats mi'nistər] |
| senator (de) | senator (m) | [se'natʊr] |

| diplomaat (de) | diplomat (m) | [diplʊ'mat] |
| consul (de) | konsul (m) | ['kʊn,sʉl] |
| ambassadeur (de) | ambassadør (m) | [ambasa'dør] |
| adviseur (de) | rådgiver (m) | ['rɔd jivər] |

| ambtenaar (de) | embetsmann (m) | ['ɛmbets,man] |
| prefect (de) | prefekt (m) | [prɛ'fɛkt] |
| burgemeester (de) | borgermester (m) | [bɔrgər'mɛstər] |

| rechter (de) | dommer (m) | ['dɔmər] |
| aanklager (de) | anklager (m) | ['an,klagər] |

| missionaris (de) | misjonær (m) | [miʂʊ'nær] |
| monnik (de) | munk (m) | ['mʉnk] |
| abt (de) | abbed (m) | ['abed] |
| rabbi, rabbijn (de) | rabbiner (m) | [ra'binər] |

| vizier (de) | vesir (m) | [vɛ'sir] |
| sjah (de) | sjah (m) | ['ʂa] |
| sjeik (de) | sjeik (m) | ['ʂæjk] |

## 90. Agrarische beroepen

| imker (de) | birøkter (m) | ['bi,røktər] |
| herder (de) | gjeter, hyrde (m) | ['jetər], ['hyrdə] |
| landbouwkundige (de) | agronom (m) | [agrʊ'nʉm] |

| veehouder (de) | husdyrholder (m) | ['hʉsdyr,hɔldər] |
| dierenarts (de) | dyrlege, veterinær (m) | ['dyr,legə], [vetəri'nær] |

| landbouwer (de) | gårdbruker, bonde (m) | ['gɔːr,brʉkər], ['bɔnə] |
| wijnmaker (de) | vinmaker (m) | ['vin,makər] |
| zoöloog (de) | zoolog (m) | [sʉː'lɔg] |
| cowboy (de) | cowboy (m) | ['kaw,bɔj] |

## 91. Kunst beroepen

| acteur (de) | skuespiller (m) | ['skʉə,spilər] |
| actrice (de) | skuespillerinne (m/f) | ['skʉə,spilə'rinə] |

| zanger (de) | sanger (m) | ['saŋər] |
| zangeres (de) | sangerinne (m/f) | [saŋə'rinə] |

| danser (de) | danser (m) | ['dansər] |
| danseres (de) | danserinne (m/f) | [danse'rinə] |

| artiest (mann.) | skuespiller (m) | ['skʉə,spilər] |
| artiest (vrouw.) | skuespillerinne (m/f) | ['skʉə,spilə'rinə] |

| muzikant (de) | musiker (m) | ['mʉsikər] |
| pianist (de) | pianist (m) | [pia'nist] |
| gitarist (de) | gitarspiller (m) | [gi'tar,spilər] |

| orkestdirigent (de) | dirigent (m) | [diri'gɛnt] |
| componist (de) | komponist (m) | [kʉmpʉ'nist] |
| impresario (de) | impresario (m) | [impre'sariʉ] |

| filmregisseur (de) | regissør (m) | [rɛşi'sør] |
| filmproducent (de) | produsent (m) | [prʉdʉ'sɛnt] |
| scenarioschrijver (de) | manusforfatter (m) | ['manʉs fɔr'fatər] |
| criticus (de) | kritiker (m) | ['kritikər] |

| schrijver (de) | forfatter (m) | [fɔr'fatər] |
| dichter (de) | poet, dikter (m) | ['pɔɛt], ['diktər] |
| beeldhouwer (de) | skulptør (m) | [skʉlp'tør] |
| kunstenaar (de) | kunstner (m) | ['kʉnstnər] |

| jongleur (de) | sjonglør (m) | [şɔŋ'lør] |
| clown (de) | klovn (m) | ['klɔvn] |
| acrobaat (de) | akrobat (m) | [akrʉ'bat] |
| goochelaar (de) | tryllekunstner (m) | ['trʏlə,kʉnstnər] |

## 92. Verschillende beroepen

| dokter, arts (de) | lege (m) | ['legə] |
| ziekenzuster (de) | sykepleierske (m/f) | ['sykə,plæjeşkə] |
| psychiater (de) | psykiater (m) | [syki'atər] |
| tandarts (de) | tannlege (m) | ['tan,legə] |
| chirurg (de) | kirurg (m) | [çi'rʉrg] |

| | | |
|---|---|---|
| astronaut (de) | astronaut (m) | [astrʊ'naʊt] |
| astronoom (de) | astronom (m) | [astrʊ'nʊm] |
| | | |
| chauffeur (de) | fører (m) | ['førər] |
| machinist (de) | lokfører (m) | ['lʊk,førər] |
| mecanicien (de) | mekaniker (m) | [me'kanikər] |
| | | |
| mijnwerker (de) | gruvearbeider (m) | ['grʉvə'ar,bæjdər] |
| arbeider (de) | arbeider (m) | ['ar,bæjdər] |
| bankwerker (de) | låsesmed (m) | ['lo:sə,sme] |
| houtbewerker (de) | snekker (m) | ['snɛkər] |
| draaier (de) | dreier (m) | ['dræjər] |
| bouwvakker (de) | bygningsarbeider (m) | ['bygniŋs 'ar,bæjər] |
| lasser (de) | sveiser (m) | ['svæjsər] |
| | | |
| professor (de) | professor (m) | [prʊ'fɛsʊr] |
| architect (de) | arkitekt (m) | [arki'tɛkt] |
| historicus (de) | historiker (m) | [hi'stʊrikər] |
| wetenschapper (de) | vitenskapsmann (m) | ['vitən,skaps man] |
| fysicus (de) | fysiker (m) | ['fysikər] |
| scheikundige (de) | kjemiker (m) | ['çemikər] |
| | | |
| archeoloog (de) | arkeolog (m) | [,arkeʊ'lɔg] |
| geoloog (de) | geolog (m) | [geʊ'lɔg] |
| onderzoeker (de) | forsker (m) | ['fɔʂkər] |
| | | |
| babysitter (de) | babysitter (m) | ['bɛby,sitər] |
| leraar, pedagoog (de) | lærer, pedagog (m) | [lærər], [peda'gɔg] |
| | | |
| redacteur (de) | redaktør (m) | [rɛdak'tør] |
| chef-redacteur (de) | sjefredaktør (m) | ['ʂɛf rɛdak'tør] |
| correspondent (de) | korrespondent (m) | [kʊrespɔn'dɛnt] |
| typiste (de) | maskinskriverske (m) | [ma'ʂin ,skrivɛʂkə] |
| | | |
| designer (de) | designer (m) | [de'sajnər] |
| computerexpert (de) | dataekspert (m) | ['data ɛks'pɛ:t] |
| programmeur (de) | programmerer (m) | [prʊgra'merər] |
| ingenieur (de) | ingeniør (m) | [inʂə'njør] |
| | | |
| matroos (de) | sjømann (m) | ['ʂø,man] |
| zeeman (de) | matros (m) | [ma'trʊs] |
| redder (de) | redningsmann (m) | ['rɛdniŋs,man] |
| | | |
| brandweerman (de) | brannmann (m) | ['bran,man] |
| politieagent (de) | politi (m) | [pʊli'ti] |
| nachtwaker (de) | nattvakt (m) | ['nat,vakt] |
| detective (de) | detektiv (m) | [detɛk'tiv] |
| | | |
| douanier (de) | tollbetjent (m) | ['tɔlbe,tjɛnt] |
| lijfwacht (de) | livvakt (m/f) | ['liv,vakt] |
| gevangenisbewaker (de) | fangevokter (m) | ['faŋə,vɔktər] |
| inspecteur (de) | inspektør (m) | [inspɛk'tør] |
| | | |
| sportman (de) | idrettsmann (m) | ['idrɛts,man] |
| trainer (de) | trener (m) | ['trenər] |
| slager, beenhouwer (de) | slakter (m) | ['ʂlaktər] |

| schoenlapper (de) | skomaker (m) | ['skʊ,makər] |
| handelaar (de) | handelsmann (m) | ['handəls,man] |
| lader (de) | lastearbeider (m) | ['lastə'ar,bæjdər] |

| kledingstilist (de) | moteskaper (m) | ['mʊtə,skapər] |
| model (het) | modell (m) | [mʊ'dɛl] |

## 93. Beroepen. Sociale status

| scholier (de) | skolegutt (m) | ['skʊlə,gʉt] |
| student (de) | student (m) | [stʉ'dɛnt] |

| filosoof (de) | filosof (m) | [filu'sʊf] |
| econoom (de) | økonom (m) | [økʊ'nʊm] |
| uitvinder (de) | oppfinner (m) | ['ɔp,finər] |

| werkloze (de) | arbeidsløs (m) | ['arbæjds,løs] |
| gepensioneerde (de) | pensjonist (m) | [panʂʉ'nist] |
| spion (de) | spion (m) | [spi'un] |

| gedetineerde (de) | fange (m) | ['faŋə] |
| staker (de) | streiker (m) | ['stræjkər] |
| bureaucraat (de) | byråkrat (m) | [byrɔ'krat] |
| reiziger (de) | reisende (m) | ['ræjsenə] |

| homoseksueel (de) | homofil (m) | ['hʊmʊ,fil] |
| hacker (computerkraker) | hacker (m) | ['hakər] |
| hippie (de) | hippie (m) | ['hipi] |

| bandiet (de) | banditt (m) | [ban'dit] |
| huurmoordenaar (de) | leiemorder (m) | ['læjə,mʊrdər] |
| drugsverslaafde (de) | narkoman (m) | [narkʉ'man] |
| drugshandelaar (de) | narkolanger (m) | ['narkɔ,laŋər] |
| prostituee (de) | prostituert (m) | [prʊstitʉ'e:t] |
| pooier (de) | hallik (m) | ['halik] |

| tovenaar (de) | trollmann (m) | ['trɔl,man] |
| tovenares (de) | trollkjerring (m/f) | ['trɔl,çæriŋ] |
| piraat (de) | pirat, sjørøver (m) | ['pi'rat], ['ʂø,røvər] |
| slaaf (de) | slave (m) | ['slavə] |
| samoerai (de) | samurai (m) | [samʉ'raj] |
| wilde (de) | villmann (m) | ['vil,man] |

# Onderwijs

## 94. School

| school (de) | skole (m/f) | ['skʉlə] |
|---|---|---|
| schooldirecteur (de) | rektor (m) | ['rektʊr] |

| leerling (de) | elev (m) | [e'lev] |
| leerlinge (de) | elev (m) | [e'lev] |
| scholier (de) | skolegutt (m) | ['skʉlə.gʉt] |
| scholiere (de) | skolepike (m) | ['skʉlə.pikə] |

| leren (lesgeven) | å undervise | [ɔ 'ʉnər.visə] |
| studeren (bijv. een taal ~) | å lære | [ɔ 'lærə] |
| van buiten leren | å lære utenat | [ɔ 'lærə 'ʉtənat] |

| leren (bijv. ~ tellen) | å lære | [ɔ 'lærə] |
| in school zijn | å gå på skolen | [ɔ 'gɔ pɔ 'skʉlən] |
| (schooljongen zijn) | | |
| naar school gaan | å gå på skolen | [ɔ 'gɔ pɔ 'skʉlən] |

| alfabet (het) | alfabet (n) | [alfa'bet] |
| vak (schoolvak) | fag (n) | ['fag] |

| klaslokaal (het) | klasserom (m/f) | ['klasə.rʊm] |
| les (de) | time (m) | ['timə] |
| pauze (de) | frikvarter (n) | ['frikvaː.ʈər] |
| bel (de) | skoleklokke (m/f) | ['skʉlə.klɔkə] |
| schooltafel (de) | skolepult (m) | ['skʉlə.pʉlt] |
| schoolbord (het) | tavle (m/f) | ['tavlə] |

| cijfer (het) | karakter (m) | [karak'ter] |
| goed cijfer (het) | god karakter (m) | ['gʊ karak'ter] |
| slecht cijfer (het) | dårlig karakter (m) | ['doːʎi karak'ter] |
| een cijfer geven | å gi en karakter | [ɔ 'ji en karak'ter] |

| fout (de) | feil (m) | ['fæjl] |
| fouten maken | å gjøre feil | [ɔ 'jørə ,fæjl] |
| corrigeren (fouten ~) | å rette | [ɔ 'rɛtə] |
| spiekbriefje (het) | fuskelapp (m) | ['fʉskə.lap] |

| huiswerk (het) | lekser (m/f pl) | ['leksər] |
| oefening (de) | øvelse (m) | ['øvəlsə] |

| aanwezig zijn (ww) | å være til stede | [ɔ 'værə til 'stedə] |
| absent zijn (ww) | å være fraværende | [ɔ 'værə 'fra.værənə] |
| school verzuimen | å skulke skolen | [ɔ 'skʉlkə 'skʉlən] |

| bestraffen (een stout kind ~) | å straffe | [ɔ 'strafə] |
| bestraffing (de) | straff, avstraffelse (m) | ['straf], ['af.strafəlsə] |

| gedrag (het) | oppførsel (m) | ['ɔp‚fœʂəl] |
| cijferlijst (de) | karakterbok (m/f) | [karak'ter‚bʉk] |
| potlood (het) | blyant (m) | ['bly‚ant] |
| gom (de) | viskelær (n) | ['viskə‚lær] |
| krijt (het) | kritt (n) | ['krit] |
| pennendoos (de) | pennal (n) | [pɛ'nal] |

| boekentas (de) | skoleveske (m/f) | ['skʉlə‚vɛskə] |
| pen (de) | penn (m) | ['pɛn] |
| schrift (de) | skrivebok (m/f) | ['skrivə‚bʉk] |
| leerboek (het) | lærebok (m/f) | ['lærə‚bʉk] |
| passer (de) | passer (m) | ['pasər] |

| technisch tekenen (ww) | å tegne | [ɔ 'tæjnə] |
| technische tekening (de) | teknisk tegning (m/f) | ['tɛknisk ‚tæjniŋ] |

| gedicht (het) | dikt (n) | ['dikt] |
| van buiten (bw) | utenat | ['ʉtən‚at] |
| van buiten leren | å lære utenat | [ɔ 'lærə 'ʉtənat] |

| vakantie (de) | skoleferie (m) | ['skʉlə‚fɛriə] |
| met vakantie zijn | å være på ferie | [ɔ 'værə pɔ 'fɛriə] |
| vakantie doorbrengen | å tilbringe ferien | [ɔ 'til‚briŋə 'fɛriən] |

| toets (schriftelijke ~) | prøve (m/f) | ['prøvə] |
| opstel (het) | essay (n) | [ɛ'sɛj] |
| dictee (het) | diktat (m) | [dik'tat] |
| examen (het) | eksamen (m) | [ɛk'samən] |
| examen afleggen | å ta eksamen | [ɔ 'ta ɛk'samən] |
| experiment (het) | forsøk (n) | ['fɔ'søk] |

## 95. Hogeschool. Universiteit

| academie (de) | akademi (n) | [akade'mi] |
| universiteit (de) | universitet (n) | [ʉnivæʂi'tet] |
| faculteit (de) | fakultet (n) | [fakʉl'tet] |

| student (de) | student (m) | [stʉ'dɛnt] |
| studente (de) | kvinnelig student (m) | ['kvinəli stʉ'dɛnt] |
| leraar (de) | lærer, foreleser (m) | ['lærər], ['fʉrə‚lesər] |

| collegezaal (de) | auditorium (n) | [‚aʉdi'tʉrium] |
| afgestudeerde (de) | alumn (m) | [a'lʉmn] |

| diploma (het) | diplom (n) | [di'plʉm] |
| dissertatie (de) | avhandling (m/f) | ['av‚handliŋ] |

| onderzoek (het) | studie (m) | ['stʉdiə] |
| laboratorium (het) | laboratorium (n) | [labʉra'tɔrium] |

| college (het) | forelesning (m) | ['fɔrə‚lesniŋ] |
| medestudent (de) | studiekamerat (m) | ['stʉdiə kame‚rat] |
| studiebeurs (de) | stipendium (n) | [sti'pɛndium] |
| academische graad (de) | akademisk grad (m) | [aka'demisk ‚grad] |

## 96. Wetenschappen. Disciplines

| | | |
|---|---|---|
| wiskunde (de) | matematikk (m) | [matəma'tik] |
| algebra (de) | algebra (m) | ['algə‚bra] |
| meetkunde (de) | geometri (m) | [gəυme'tri] |
| astronomie (de) | astronomi (m) | [astrυnυ'mi] |
| biologie (de) | biologi (m) | [biυlυ'gi] |
| geografie (de) | geografi (m) | [geυgra'fi] |
| geologie (de) | geologi (m) | [geυlυ'gi] |
| geschiedenis (de) | historie (m/f) | [hi'stυriə] |
| geneeskunde (de) | medisin (m) | [medi'sin] |
| pedagogiek (de) | pedagogikk (m) | [pedagυ'gik] |
| rechten (mv.) | rett (m) | ['rεt] |
| fysica, natuurkunde (de) | fysikk (m) | [fy'sik] |
| scheikunde (de) | kjemi (m) | [çe'mi] |
| filosofie (de) | filosofi (m) | [filυsυ'fi] |
| psychologie (de) | psykologi (m) | [sikυlυ'gi] |

## 97. Schrift. Spelling

| | | |
|---|---|---|
| grammatica (de) | grammatikk (m) | [grama'tik] |
| vocabulaire (het) | ordforråd (n) | ['u:rfυ‚rɔd] |
| fonetiek (de) | fonetikk (m) | [fυne'tik] |
| zelfstandig naamwoord (het) | substantiv (n) | ['sυbstan‚tiv] |
| bijvoeglijk naamwoord (het) | adjektiv (n) | ['adjεk‚tiv] |
| werkwoord (het) | verb (n) | ['værb] |
| bijwoord (het) | adverb (n) | [ad'væ:b] |
| voornaamwoord (het) | pronomen (n) | [prυ'numən] |
| tussenwerpsel (het) | interjeksjon (m) | [interjεk'şυn] |
| voorzetsel (het) | preposisjon (m) | [prεpυsi'şυn] |
| stam (de) | rot (m/f) | ['rυt] |
| achtervoegsel (het) | endelse (m) | ['εnəlsə] |
| voorvoegsel (het) | prefiks (n) | [prε'fiks] |
| lettergreep (de) | stavelse (m) | ['stavəlsə] |
| achtervoegsel (het) | suffiks (n) | [sυ'fiks] |
| nadruk (de) | betoning (m), trykk (n) | ['be'tɔniŋ], ['trγk] |
| afkappingsteken (het) | apostrof (m) | [apυ'strɔf] |
| punt (de) | punktum (n) | ['pυnktum] |
| komma (de/het) | komma (n) | ['kɔma] |
| puntkomma (de) | semikolon (n) | [‚semikυ'lɔn] |
| dubbelpunt (de) | kolon (n) | ['kυlɔn] |
| beletselteken (het) | tre prikker (m pl) | ['tre 'prikər] |
| vraagteken (het) | spørsmålstegn (n) | ['spɔəşmols‚tæjn] |
| uitroepteken (het) | utropstegn (n) | ['υtrυps‚tæjn] |

| | | |
|---|---|---|
| aanhalingstekens (mv.) | anførselstegn (n pl) | [an'fœşɛls,tejn] |
| tussen aanhalingstekens (bw) | i anførselstegn | [i an'fœşɛls,tejn] |
| haakjes (mv.) | parentes (m) | [parɛn'tes] |
| tussen haakjes (bw) | i parentes | [i parɛn'tes] |

| | | |
|---|---|---|
| streepje (het) | bindestrek (m) | ['binə,strek] |
| gedachtestreepje (het) | tankestrek (m) | ['tankə,strek] |
| spatie | mellomrom (n) | ['mɛlɔm,rʊm] |
| (~ tussen twee woorden) | | |

| | | |
|---|---|---|
| letter (de) | bokstav (m) | ['bʊkstav] |
| hoofdletter (de) | stor bokstav (m) | ['stʊr 'bʊkstav] |

| | | |
|---|---|---|
| klinker (de) | vokal (m) | [vʊ'kal] |
| medeklinker (de) | konsonant (m) | [kʊnsʊ'nant] |

| | | |
|---|---|---|
| zin (de) | setning (m) | ['sɛtniŋ] |
| onderwerp (het) | subjekt (n) | [sʉb'jɛkt] |
| gezegde (het) | predikat (n) | [prɛdi'kat] |

| | | |
|---|---|---|
| regel (in een tekst) | linje (m) | ['linjə] |
| op een nieuwe regel (bw) | på ny linje | [pɔ ny 'linjə] |
| alinea (de) | avsnitt (n) | ['af,snit] |

| | | |
|---|---|---|
| woord (het) | ord (n) | ['uːr] |
| woordgroep (de) | ordgruppe (m/f) | ['uːr,grʉpə] |
| uitdrukking (de) | uttrykk (n) | ['ʉt,trʏk] |
| synoniem (het) | synonym (n) | [synʊ'nym] |
| antoniem (het) | antonym (n) | [antʊ'nym] |

| | | |
|---|---|---|
| regel (de) | regel (m) | ['rɛgəl] |
| uitzondering (de) | unntak (n) | ['ʉn,tak] |
| correct (bijv. ~e spelling) | riktig | ['rikti] |

| | | |
|---|---|---|
| vervoeging, conjugatie (de) | bøyning (m/f) | ['bøjniŋ] |
| verbuiging, declinatie (de) | bøyning (m/f) | ['bøjniŋ] |
| naamval (de) | kasus (m) | ['kasʉs] |
| vraag (de) | spørsmål (n) | ['spœş,mol] |
| onderstrepen (ww) | å understreke | [ɔ 'ʉnə,strekə] |
| stippellijn (de) | prikket linje (m) | ['prikət 'linjə] |

## 98. Vreemde talen

| | | |
|---|---|---|
| taal (de) | språk (n) | ['sprɔk] |
| vreemd (bn) | fremmed- | ['fremə-] |
| vreemde taal (de) | fremmedspråk (n) | ['fremed,sprɔk] |
| leren (bijv. van buiten ~) | å studere | [ɔ stʉ'derə] |
| studeren (Nederlands ~) | å lære | [ɔ 'lærə] |

| | | |
|---|---|---|
| lezen (ww) | å lese | [ɔ 'lesə] |
| spreken (ww) | å tale | [ɔ 'talə] |
| begrijpen (ww) | å forstå | [ɔ fɔ'ştɔ] |
| schrijven (ww) | å skrive | [ɔ 'skrivə] |
| snel (bw) | fort | ['fʊːt] |

| langzaam (bw) | langsomt | ['laŋsɔmt] |
| vloeiend (bw) | flytende | ['flytnə] |

| regels (mv.) | regler (m pl) | ['rɛglər] |
| grammatica (de) | grammatikk (m) | [grɑmɑ'tik] |
| vocabulaire (het) | ordforråd (n) | ['u:rfʊˌrɔd] |
| fonetiek (de) | fonetikk (m) | [fʊne'tik] |

| leerboek (het) | lærebok (m/f) | ['læ:rəˌbʊk] |
| woordenboek (het) | ordbok (m/f) | ['u:rˌbʊk] |
| leerboek (het) voor zelfstudie | lærebok (m/f) for selvstudium | ['læ:rəˌbʊk fɔ 'selˌstʉdium] |
| taalgids (de) | parlør (m) | [pɑ:'lør] |

| cassette (de) | kassett (m) | [kɑ'sɛt] |
| videocassette (de) | videokassett (m) | ['videʊ kɑ'sɛt] |
| CD (de) | CD-rom (m) | ['sɛdɛˌrʊm] |
| DVD (de) | DVD (m) | [deve'de] |

| alfabet (het) | alfabet (n) | [ɑlfɑ'bet] |
| spellen (ww) | å stave | [ɔ 'stɑvə] |
| uitspraak (de) | uttale (m) | ['ʉtˌtɑlə] |

| accent (het) | aksent (m) | [ɑk'sɑŋ] |
| met een accent (bw) | med aksent | [me ɑk'sɑŋ] |
| zonder accent (bw) | uten aksent | ['ʉtən ɑk'sɑŋ] |

| woord (het) | ord (n) | ['u:r] |
| betekenis (de) | betydning (m) | [be'tʏdniŋ] |

| cursus (de) | kurs (n) | ['kʉʂ] |
| zich inschrijven (ww) | å anmelde seg | [ɔ 'ɑnˌmɛlə sæj] |
| leraar (de) | lærer (m) | ['læːrər] |

| vertaling (een ~ maken) | oversettelse (m) | ['ɔvəˌsɛtəlsə] |
| vertaling (tekst) | oversettelse (m) | ['ɔvəˌsɛtəlsə] |
| vertaler (de) | oversetter (m) | ['ɔvəˌsɛtər] |
| tolk (de) | tolk (m) | ['tɔlk] |

| polyglot (de) | polyglott (m) | [pʊlʏ'glɔt] |
| geheugen (het) | minne (n), hukommelse (m) | ['minə], [hʉ'kɔməlsə] |

# Rusten. Entertainment. Reizen

## 99. Trip. Reizen

| | | |
|---|---|---|
| toerisme (het) | turisme (m) | [tʉ'rismə] |
| toerist (de) | turist (m) | [tʉ'rist] |
| reis (de) | reise (m/f) | ['ræjsə] |
| avontuur (het) | eventyr (n) | ['ɛvən,tyr] |
| tocht (de) | tripp (m) | ['trip] |
| | | |
| vakantie (de) | ferie (m) | ['fɛriə] |
| met vakantie zijn | å være på ferie | [ɔ 'værə pɔ 'fɛriə] |
| rust (de) | hvile (m/f) | ['vilə] |
| | | |
| trein (de) | tog (n) | ['tɔg] |
| met de trein | med tog | [me 'tɔg] |
| vliegtuig (het) | fly (n) | ['fly] |
| met het vliegtuig | med fly | [me 'fly] |
| met de auto | med bil | [me 'bil] |
| per schip (bw) | med skip | [me 'şip] |
| | | |
| bagage (de) | bagasje (m) | [bɑ'gɑşə] |
| valies (de) | koffert (m) | ['kʉfɛ:t] |
| bagagekarretje (het) | bagasjetralle (m/f) | [bɑ'gɑşə,trɑlə] |
| | | |
| paspoort (het) | pass (n) | ['pɑs] |
| visum (het) | visum (n) | ['visʉm] |
| kaartje (het) | billett (m) | [bi'let] |
| vliegticket (het) | flybillett (m) | ['fly bi'let] |
| | | |
| reisgids (de) | reisehåndbok (m/f) | ['ræjsə,hɔnbʉk] |
| kaart (de) | kart (n) | ['kɑ:t] |
| gebied (landelijk ~) | område (n) | ['ɔm,ro:də] |
| plaats (de) | sted (n) | ['sted] |
| | | |
| exotisch (bn) | eksotisk | [ɛk'sʉtisk] |
| verwonderlijk (bn) | forunderlig | [fɔ'rʉnde:li] |
| | | |
| groep (de) | gruppe (m) | ['grʉpə] |
| rondleiding (de) | utflukt (m/f) | ['ʉt,flʉkt] |
| gids (de) | guide (m) | ['gɑjd] |

## 100. Hotel

| | | |
|---|---|---|
| hotel (het) | hotell (n) | [hʉ'tɛl] |
| motel (het) | motell (n) | [mʉ'tɛl] |
| 3-sterren | trestjernet | ['tre,stjæ:ŋə] |
| 5-sterren | femstjernet | ['fɛm,stjæ:ŋə] |

| | | |
|---|---|---|
| overnachten (ww) | å bo | [ɔ 'buː] |
| kamer (de) | rom (n) | ['rʊm] |
| eenpersoonskamer (de) | enkeltrom (n) | ['ɛnkelt,rʊm] |
| tweepersoonskamer (de) | dobbeltrom (n) | ['dɔbelt,rʊm] |
| een kamer reserveren | å reservere rom | [ɔ resɛr'verə 'rʊm] |
| | | |
| halfpension (het) | halvpensjon (m) | ['hal pan,ʂʊn] |
| volpension (het) | fullpensjon (m) | ['fʉl pan,ʂʊn] |
| | | |
| met badkamer | med badekar | [me 'badə,kar] |
| met douche | med dusj | [me 'dʉʂ] |
| satelliet-tv (de) | satellitt-TV (m) | [satɛ'lit 'tɛvɛ] |
| airconditioner (de) | klimaanlegg (n) | ['klima'an,leg] |
| handdoek (de) | håndkle (n) | ['hɔn,kle] |
| sleutel (de) | nøkkel (m) | ['nøkəl] |
| | | |
| administrateur (de) | administrator (m) | [admini'straːtʊr] |
| kamermeisje (het) | stuepike (m/f) | ['stʉə,pikə] |
| piccolo (de) | pikkolo (m) | ['pikɔlɔ] |
| portier (de) | portier (m) | [pɔ'tje] |
| | | |
| restaurant (het) | restaurant (m) | [rɛstʊ'raŋ] |
| bar (de) | bar (m) | ['bar] |
| ontbijt (het) | frokost (m) | ['frʊkɔst] |
| avondeten (het) | middag (m) | ['mi,da] |
| buffet (het) | buffet (m) | [bʉ'fɛ] |
| | | |
| hal (de) | hall, lobby (m) | ['hal], ['lɔbi] |
| lift (de) | heis (m) | ['hæjs] |
| | | |
| NIET STOREN | VENNLIGST IKKE FORSTYRR! | ['vɛnligt ikə fɔ'ʂtyr] |
| VERBODEN TE ROKEN! | RØYKING FORBUDT | ['røjkiŋ fɔr'bʉt] |

# TECHNISCHE APPARATUUR. VERVOER

## Technische apparatuur

### 101. Computer

| | | |
|---|---|---|
| computer (de) | datamaskin (m) | ['data ma‚şin] |
| laptop (de) | bærbar, laptop (m) | ['bær‚bar], ['laptɔp] |
| | | |
| aanzetten (ww) | å slå på | [ɔ 'şlɔ pɔ] |
| uitzetten (ww) | å slå av | [ɔ 'şlɔ aː] |
| | | |
| toetsenbord (het) | tastatur (n) | [tasta'tʉr] |
| toets (enter~) | tast (m) | ['tast] |
| muis (de) | mus (m/f) | ['mʉs] |
| muismat (de) | musematte (m/f) | ['mʉsə‚matə] |
| | | |
| knopje (het) | knapp (m) | ['knap] |
| cursor (de) | markør (m) | [mar'kør] |
| | | |
| monitor (de) | monitor (m) | ['mɔnitɔr] |
| scherm (het) | skjerm (m) | ['şærm] |
| | | |
| harde schijf (de) | harddisk (m) | ['har‚disk] |
| volume (het) van de harde schijf | harddiskkapasitet (m) | ['har‚disk kapasi'tet] |
| geheugen (het) | minne (n) | ['minə] |
| RAM-geheugen (het) | hovedminne (n) | ['hɔvəd‚minə] |
| | | |
| bestand (het) | fil (m) | ['fil] |
| folder (de) | mappe (m/f) | ['mapə] |
| openen (ww) | å åpne | [ɔ 'ɔpnə] |
| sluiten (ww) | å lukke | [ɔ 'lʉkə] |
| | | |
| opslaan (ww) | å lagre | [ɔ 'lagrə] |
| verwijderen (wissen) | å slette, å fjerne | [ɔ 'şletə], [ɔ 'fjæːɲə] |
| kopiëren (ww) | å kopiere | [ɔ kʉ'pjerə] |
| sorteren (ww) | å sortere | [ɔ sɔː'ţerə] |
| overplaatsen (ww) | å overføre | [ɔ 'ɔvər‚førə] |
| | | |
| programma (het) | program (n) | [prʉ'gram] |
| software (de) | programvare (m/f) | [prʉ'gram‚varə] |
| programmeur (de) | programmerer (m) | [prʉgra'merər] |
| programmeren (ww) | å programmere | [ɔ prʉgra'merə] |
| | | |
| hacker (computerkraker) | hacker (m) | ['hakər] |
| wachtwoord (het) | passord (n) | ['pas‚uːr] |
| virus (het) | virus (m) | ['virʉs] |
| ontdekken (virus ~) | å oppdage | [ɔ 'ɔp‚dagə] |

| byte (de) | byte (m) | ['bɑjt] |
| megabyte (de) | megabyte (m) | ['megaˌbɑjt] |

| data (de) | data (m pl) | ['dɑtɑ] |
| databank (de) | database (m) | ['dɑtɑˌbɑsə] |

| kabel (USB-~, enz.) | kabel (m) | ['kɑbəl] |
| afsluiten (ww) | å koble fra | [ɔ 'kɔblə frɑ] |
| aansluiten op (ww) | å koble | [ɔ 'kɔblə] |

## 102. Internet. E-mail

| internet (het) | Internett | ['intəˌnɛt] |
| browser (de) | nettleser (m) | ['nɛtˌlesər] |
| zoekmachine (de) | søkemotor (m) | ['søkəˌmotʉr] |
| internetprovider (de) | leverandør (m) | [levəran'dør] |

| webmaster (de) | webmaster (m) | ['vɛbˌmɑstər] |
| website (de) | webside, hjemmeside (m/f) | ['vɛbˌsidə], ['jɛməˌsidə] |
| webpagina (de) | nettside (m) | ['nɛtˌsidə] |

| adres (het) | adresse (m) | [a'drɛsə] |
| adresboek (het) | adressebok (f) | [a'drɛsəˌbʉk] |

| postvak (het) | postkasse (m/f) | ['pɔstˌkɑsə] |
| post (de) | post (m) | ['pɔst] |
| vol (~ postvak) | full | ['fʉl] |

| bericht (het) | melding (m/f) | ['mɛliŋ] |
| binnenkomende berichten (mv.) | innkommende meldinger | ['inˌkɔmenə 'mɛliŋər] |
| uitgaande berichten (mv.) | utgående meldinger | ['ʉtˌgɔənə 'mɛliŋər] |
| verzender (de) | avsender (m) | ['ɑfˌsɛnər] |
| verzenden (ww) | å sende | [ɔ 'sɛnə] |
| verzending (de) | avsending (m) | ['ɑfˌsɛniŋ] |

| ontvanger (de) | mottaker (m) | ['mɔtˌtɑkər] |
| ontvangen (ww) | å motta | [ɔ 'mɔtɑ] |

| correspondentie (de) | korrespondanse (m) | [kʉrespɔn'dɑnsə] |
| corresponderen (met ...) | å brevveksle | [ɔ 'bʁɛvˌvɛkslə] |

| bestand (het) | fil (m) | ['fil] |
| downloaden (ww) | å laste ned | [ɔ 'lɑstə 'ne] |
| creëren (ww) | å opprette | [ɔ 'ɔpˌretə] |
| verwijderen (een bestand ~) | å slette, å fjerne | [ɔ 'ʂletə], [ɔ 'fjæːɳə] |
| verwijderd (bn) | slettet | ['ʂletət] |

| verbinding (de) | forbindelse (m) | [fɔr'binəlsə] |
| snelheid (de) | hastighet (m/f) | ['hɑstiˌhet] |
| modem (de) | modem (n) | ['mʉ'dɛm] |
| toegang (de) | tilgang (m) | ['tilˌgɑŋ] |
| poort (de) | port (m) | ['pɔːt] |
| aansluiting (de) | tilkobling (m/f) | ['tilˌkɔbliŋ] |

97

| zich aansluiten (ww) | å koble | [ɔ 'kɔblə] |
| selecteren (ww) | å velge | [ɔ 'vɛlgə] |
| zoeken (ww) | å søke etter ... | [ɔ 'søkə ˌɛtər ...] |

## 103. Elektriciteit

| elektriciteit (de) | elektrisitet (m) | [ɛlektrisi'tet] |
| elektrisch (bn) | elektrisk | [ɛ'lektrisk] |
| elektriciteitscentrale (de) | kraftverk (n) | ['kraftˌværk] |
| energie (de) | energi (m) | [ɛnær'gi] |
| elektrisch vermogen (het) | elkraft (m/f) | ['ɛlˌkraft] |

| lamp (de) | lyspære (m/f) | ['lysˌpærə] |
| zaklamp (de) | lommelykt (m/f) | ['lʊməˌlykt] |
| straatlantaarn (de) | gatelykt (m/f) | ['gatəˌlykt] |

| licht (elektriciteit) | lys (n) | ['lys] |
| aandoen (ww) | å slå på | [ɔ 'şlɔ pɔ] |
| uitdoen (ww) | å slå av | [ɔ 'şlɔ a:] |
| het licht uitdoen | å slokke lyset | [ɔ 'şløkə 'lysə] |

| doorbranden (gloeilamp) | å brenne ut | [ɔ 'brɛnə ʉt] |
| kortsluiting (de) | kortslutning (m) | ['kʊːtˌslʉtniŋ] |
| onderbreking (de) | kabelbrudd (n) | ['kabəlˌbrʉd] |
| contact (het) | kontakt (m) | [kʊn'takt] |

| schakelaar (de) | strømbryter (m) | ['strømˌbrytər] |
| stopcontact (het) | stikkontakt (m) | ['stik kʊnˌtakt] |
| stekker (de) | støpsel (n) | ['støpsəl] |
| verlengsnoer (de) | skjøteledning (m) | ['şøtəˌledniŋ] |

| zekering (de) | sikring (m) | ['sikriŋ] |
| kabel (de) | ledning (m) | ['ledniŋ] |
| bedrading (de) | ledningsnett (n) | ['ledniŋsˌnɛt] |

| ampère (de) | ampere (m) | [am'pɛr] |
| stroomsterkte (de) | strømstyrke (m) | ['strømˌstyrkə] |
| volt (de) | volt (m) | ['vɔlt] |
| spanning (de) | spenning (m/f) | ['spɛniŋ] |

| elektrisch toestel (het) | elektrisk apparat (n) | [ɛ'lektrisk apa'rat] |
| indicator (de) | indikator (m) | [indi'katʊr] |

| elektricien (de) | elektriker (m) | [ɛ'lektrikər] |
| solderen (ww) | å lodde | [ɔ 'lɔdə] |
| soldeerbout (de) | loddebolt (m) | ['lɔdəˌbolt] |
| stroom (de) | strøm (m) | ['strøm] |

## 104. Gereedschappen

| werktuig (stuk gereedschap) | verktøy (n) | ['værkˌtøj] |
| gereedschap (het) | verktøy (n pl) | ['værkˌtøj] |

| | | |
|---|---|---|
| uitrusting (de) | utstyr (n) | ['ʉt͵styr] |
| hamer (de) | hammer (m) | ['hamər] |
| schroevendraaier (de) | skrutrekker (m) | ['skrʉ͵trɛkər] |
| bijl (de) | øks (m/f) | ['øks] |

| | | |
|---|---|---|
| zaag (de) | sag (m/f) | ['sɑg] |
| zagen (ww) | å sage | [ɔ 'sɑgə] |
| schaaf (de) | høvel (m) | ['høvəl] |
| schaven (ww) | å høvle | [ɔ 'høvlə] |
| soldeerbout (de) | loddebolt (m) | ['lɔdə͵bɔlt] |
| solderen (ww) | å lodde | [ɔ 'lɔdə] |

| | | |
|---|---|---|
| vijl (de) | fil (m/f) | ['fil] |
| nijptang (de) | knipetang (m/f) | ['knipə͵taŋ] |
| combinatietang (de) | flattang (m/f) | ['flɑt͵taŋ] |
| beitel (de) | hoggjern, huggjern (n) | ['hʉgjæːn̩] |

| | | |
|---|---|---|
| boorkop (de) | bor (m/n) | ['bʉr] |
| boormachine (de) | boremaskin (m) | ['bɔre mɑ͵sin] |
| boren (ww) | å bore | [ɔ 'bɔrə] |

| | | |
|---|---|---|
| mes (het) | kniv (m) | ['kniv] |
| zakmes (het) | lommekniv (m) | ['lʉmə͵kniv] |
| knip- (abn) | folde- | ['fɔlə-] |
| lemmet (het) | blad (n) | ['blɑ] |

| | | |
|---|---|---|
| scherp (bijv. ~ mes) | skarp | ['skɑrp] |
| bot (bn) | sløv | ['sløv] |
| bot raken (ww) | å bli sløv | [ɔ 'bli 'sløv] |
| slijpen (een mes ~) | å skjerpe, å slipe | [ɔ 'şɛrpə], [ɔ 'şlipə] |

| | | |
|---|---|---|
| bout (de) | bolt (m) | ['bɔlt] |
| moer (de) | mutter (m) | ['mʉtər] |
| schroefdraad (de) | gjenge (n) | ['jɛŋə] |
| houtschroef (de) | skrue (m) | ['skrʉə] |

| | | |
|---|---|---|
| nagel (de) | spiker (m) | ['spikər] |
| kop (de) | spikerhode (n) | ['spikər͵hʉdə] |

| | | |
|---|---|---|
| liniaal (de/het) | linjal (m) | [li'njɑl] |
| rolmeter (de) | målebånd (n) | ['moːlə͵bɔn] |
| waterpas (de/het) | vater, vaterpass (n) | ['vɑtər], ['vɑtər͵pɑs] |
| loep (de) | lupe (m/f) | ['lʉpə] |

| | | |
|---|---|---|
| meetinstrument (het) | måleinstrument (n) | ['moːlə instrʉ'mɛnt] |
| opmeten (ww) | å måle | [ɔ 'moːlə] |
| schaal (meetschaal) | skala (m) | ['skɑlɑ] |
| gegevens (mv.) | avlesninger (m/f pl) | ['ɑv͵lesniŋər] |

| | | |
|---|---|---|
| compressor (de) | kompressor (m) | [kʉm'presʉr] |
| microscoop (de) | mikroskop (n) | [mikrʉ'skʉp] |

| | | |
|---|---|---|
| pomp (de) | pumpe (m/f) | ['pʉmpə] |
| robot (de) | robot (m) | ['rɔbɔt] |
| laser (de) | laser (m) | ['lɑsər] |
| moersleutel (de) | skrunøkkel (m) | ['skrʉ͵nøkəl] |

| plakband (de) | pakketeip (m) | ['pɑkə,tɛjp] |
| lijm (de) | lim (n) | ['lim] |

| schuurpapier (het) | sandpapir (n) | ['sɑnpɑ,pir] |
| veer (de) | fjær (m/f) | ['fjær] |
| magneet (de) | magnet (m) | [mɑŋ'net] |
| handschoenen (mv.) | hansker (m pl) | ['hɑnskər] |

| touw (bijv. henneptouw) | reip, rep (n) | ['ræjp], ['rɛp] |
| snoer (het) | snor (m/f) | ['snʊr] |
| draad (de) | ledning (m) | ['ledniŋ] |
| kabel (de) | kabel (m) | ['kɑbəl] |

| moker (de) | slegge (m/f) | ['ʂlegə] |
| breekijzer (het) | spett, jernspett (n) | ['spɛt], ['jæːɳˌspɛt] |
| ladder (de) | stige (m) | ['stiːə] |
| trapje (inklapbaar ~) | trappstige (m/f) | ['trɑpˌstiːə] |

| aanschroeven (ww) | å skru fast | [ɔ 'skrʉ 'fɑst] |
| losschroeven (ww) | å skru løs | [ɔ 'skrʉ ˌløs] |
| dichtpersen (ww) | å klemme | [ɔ 'klemə] |
| vastlijmen (ww) | å klistre, å lime | [ɔ 'klistrə], [ɔ 'limə] |
| snijden (ww) | å skjære | [ɔ 'ʂæːrə] |

| defect (het) | funksjonsfeil (m) | ['fʉnkʂɔnsˌfæjl] |
| reparatie (de) | reparasjon (m) | [repɑrɑ'ʂʊn] |
| repareren (ww) | å reparere | [ɔ repɑ'rerə] |
| regelen (een machine ~) | å justere | [ɔ jʉ'sterə] |

| nakijken (ww) | å sjekke | [ɔ 'ʂɛkə] |
| controle (de) | kontroll (m) | [kʊn'trɔl] |
| gegevens (mv.) | avlesninger (m/f pl) | ['ɑvˌlesniŋər] |

| degelijk (bijv. ~ machine) | pålitelig | [poˈliteli] |
| ingewikkeld (bn) | komplisert | [kʊmpliˈsɛːt] |

| roesten (ww) | å ruste | [ɔ 'rʉstə] |
| roestig (bn) | rusten, rustet | ['rʉstən], ['rʉstət] |
| roest (de/het) | rust (m/f) | ['rʉst] |

# Vervoer

## 105. Vliegtuig

| | | |
|---|---|---|
| vliegtuig (het) | fly (n) | ['fly] |
| vliegticket (het) | flybillett (m) | ['fly bi'let] |
| luchtvaartmaatschappij (de) | flyselskap (n) | ['flysəl̩skap] |
| luchthaven (de) | flyplass (m) | ['fly͵plas] |
| supersonisch (bn) | overlyds- | ['ɔvə͵lyds-] |
| | | |
| gezagvoerder (de) | kaptein (m) | [kap'tæjn] |
| bemanning (de) | besetning (m/f) | [be'sɛtniŋ] |
| piloot (de) | pilot (m) | [pi'lɔt] |
| stewardess (de) | flyvertinne (m/f) | [flyvɛ:'tinə] |
| stuurman (de) | styrmann (m) | ['styr͵man] |
| | | |
| vleugels (mv.) | vinger (m pl) | ['viŋər] |
| staart (de) | hale (m) | ['halə] |
| cabine (de) | cockpit, førerkabin (m) | ['kɔkpit], ['førərka͵bin] |
| motor (de) | motor (m) | ['mɔtʊr] |
| landingsgestel (het) | landingshjul (n) | ['laniŋsjʉl] |
| turbine (de) | turbin (m) | [tʉr'bin] |
| | | |
| propeller (de) | propell (m) | [prʊ'pɛl] |
| zwarte doos (de) | svart boks (m) | ['sva:t bɔks] |
| stuur (het) | ratt (n) | ['rat] |
| brandstof (de) | brensel (n) | ['brɛnsəl] |
| | | |
| veiligheidskaart (de) | sikkerhetsbrosjyre (m) | ['sikərhɛts͵brɔ'ʂyrə] |
| zuurstofmasker (het) | oksygenmaske (m/f) | ['ɔksygən͵maskə] |
| uniform (het) | uniform (m) | [ʉni'fɔrm] |
| | | |
| reddingsvest (de) | redningsvest (m) | ['rɛdniŋs͵vɛst] |
| parachute (de) | fallskjerm (m) | ['fal͵sæːrm] |
| | | |
| opstijgen (het) | start (m) | ['staːt] |
| opstijgen (ww) | å løfte | [ɔ 'lœftə] |
| startbaan (de) | startbane (m) | ['staːt͵banə] |
| | | |
| zicht (het) | siktbarhet (m) | ['siktbar͵het] |
| vlucht (de) | flyging (m/f) | ['flygiŋ] |
| | | |
| hoogte (de) | høyde (m) | ['højdə] |
| luchtzak (de) | lufthull (n) | ['lʉft͵hʉl] |
| | | |
| plaats (de) | plass (m) | ['plas] |
| koptelefoon (de) | hodetelefoner (n pl) | ['hɔdetelə͵fʊnər] |
| tafeltje (het) | klappbord (n) | ['klap͵bʊr] |
| venster (het) | vindu (n) | ['vindʉ] |
| gangpad (het) | midtgang (m) | ['mit͵gaŋ] |

## 106. Trein

| | | |
|---|---|---|
| trein (de) | tog (n) | ['tɔg] |
| elektrische trein (de) | lokaltog (n) | [lɔ'kal͵tɔg] |
| sneltrein (de) | ekspresstog (n) | [ɛks'prɛs͵tɔg] |
| diesellocomotief (de) | diesellokomotiv (n) | ['disəl lʊkɔmɔ'tiv] |
| locomotief (de) | damplokomotiv (n) | ['damp lʊkɔmɔ'tiv] |
| | | |
| rijtuig (het) | vogn (m) | ['vɔŋn] |
| restauratierijtuig (het) | restaurantvogn (m/f) | [rɛstʊ'raŋ͵vɔŋn] |
| | | |
| rails (mv.) | skinner (m/f pl) | ['ʂinər] |
| spoorweg (de) | jernbane (m) | ['jæ:n͵banə] |
| dwarsligger (de) | sville (m/f) | ['svilə] |
| | | |
| perron (het) | perrong, plattform (m/f) | [pɛ'rɔŋ], ['platfɔrm] |
| spoor (het) | spor (n) | ['spʊr] |
| semafoor (de) | semafor (m) | [sema'fʊr] |
| halte (bijv. kleine treinhalte) | stasjon (m) | [sta'ʂʊn] |
| | | |
| machinist (de) | lokfører (m) | ['lʊk͵førər] |
| kruier (de) | bærer (m) | ['bærər] |
| conducteur (de) | betjent (m) | ['be'tjɛnt] |
| passagier (de) | passasjer (m) | [pasa'ʂɛr] |
| controleur (de) | billett inspektør (m) | [bi'let inspɛk'tør] |
| | | |
| gang (in een trein) | korridor (m) | [kʊri'dɔr] |
| noodrem (de) | nødbrems (m) | ['nød͵brɛms] |
| | | |
| coupé (de) | kupé (m) | [kʉ'pe] |
| bed (slaapplaats) | køye (m/f) | ['køjə] |
| bovenste bed (het) | overkøye (m/f) | ['ɔvər͵køjə] |
| onderste bed (het) | underkøye (m/f) | ['ʉnər͵køjə] |
| beddengoed (het) | sengetøy (n) | ['sɛŋə͵tøj] |
| | | |
| kaartje (het) | billett (m) | [bi'let] |
| dienstregeling (de) | rutetabell (m) | ['rʉtə͵ta'bɛl] |
| informatiebord (het) | informasjonstavle (m/f) | [infɔrma'ʂʊns ͵tavlə] |
| | | |
| vertrekken (De trein vertrekt ...) | å avgå | [ɔ 'avgɔ] |
| vertrek (ov. een trein) | avgang (m) | ['av͵gaŋ] |
| aankomen (ov. de treinen) | å ankomme | [ɔ 'an͵kɔmə] |
| aankomst (de) | ankomst (m) | ['an͵kɔmst] |
| | | |
| aankomen per trein | å ankomme med toget | [ɔ 'an͵kɔmə me 'tɔge] |
| in de trein stappen | å gå på toget | [ɔ 'gɔ pɔ 'tɔge] |
| uit de trein stappen | å gå av toget | [ɔ 'gɔ a: 'tɔge] |
| | | |
| treinwrak (het) | togulykke (m/n) | ['tɔg ʉ'lʏkə] |
| ontspoord zijn | å spore av | [ɔ 'spʊrə a:] |
| locomotief (de) | damplokomotiv (n) | ['damp lʊkɔmɔ'tiv] |
| stoker (de) | fyrbøter (m) | ['fyr͵bøtər] |
| stookplaats (de) | fyrrom (n) | ['fyr͵rʊm] |
| steenkool (de) | kull (n) | ['kʉl] |

## 107. Schip

| | | |
|---|---|---|
| schip (het) | **skip** (n) | ['şip] |
| vaartuig (het) | **fartøy** (n) | ['fɑːˌtøj] |
| | | |
| stoomboot (de) | **dampskip** (n) | ['dɑmpˌşip] |
| motorschip (het) | **elvebåt** (m) | ['ɛlvəˌbɔt] |
| lijnschip (het) | **cruiseskip** (n) | ['krʉsˌşip] |
| kruiser (de) | **krysser** (m) | ['krysər] |
| | | |
| jacht (het) | **jakt** (m/f) | ['jakt] |
| sleepboot (de) | **bukserbåt** (m) | [bʉk'serˌbɔt] |
| duwbak (de) | **lastepram** (m) | ['lɑstəˌprɑm] |
| ferryboot (de) | **ferje, ferge** (m/f) | ['færjə], ['færgə] |
| | | |
| zeilboot (de) | **seilbåt** (n) | ['sæjlˌbɔt] |
| brigantijn (de) | **brigantin** (m) | [brigɑn'tin] |
| | | |
| IJsbreker (de) | **isbryter** (m) | ['isˌbrytər] |
| duikboot (de) | **ubåt** (m) | ['ʉːˌbɔt] |
| | | |
| boot (de) | **båt** (m) | ['bɔt] |
| sloep (de) | **jolle** (m/f) | ['jɔlə] |
| reddingssloep (de) | **livbåt** (m) | ['livˌbɔt] |
| motorboot (de) | **motorbåt** (m) | ['mɔtʉrˌbɔt] |
| | | |
| kapitein (de) | **kaptein** (m) | [kɑp'tæjn] |
| zeeman (de) | **matros** (m) | [mɑ'trʉs] |
| matroos (de) | **sjømann** (m) | ['şøˌmɑn] |
| bemanning (de) | **besetning** (m/f) | [be'sɛtniŋ] |
| | | |
| bootsman (de) | **båtsmann** (m) | ['bɔsˌmɑn] |
| scheepsjongen (de) | **skipsgutt, jungmann** (m) | ['şipsˌgʉt], ['jʉŋˌmɑn] |
| kok (de) | **kokk** (m) | ['kʉk] |
| scheepsarts (de) | **skipslege** (m) | ['şipsˌlegə] |
| | | |
| dek (het) | **dekk** (n) | ['dɛk] |
| mast (de) | **mast** (m/f) | ['mɑst] |
| zeil (het) | **seil** (n) | ['sæjl] |
| | | |
| ruim (het) | **lasterom** (n) | ['lɑstəˌrʉm] |
| voorsteven (de) | **baug** (m) | ['bæu] |
| achtersteven (de) | **akterende** (m) | ['ɑktəˌrenə] |
| roeispaan (de) | **åre** (m) | ['oːrə] |
| schroef (de) | **propell** (m) | [prʉ'pɛl] |
| | | |
| kajuit (de) | **hytte** (m) | ['hytə] |
| officierskamer (de) | **offisersmesse** (m/f) | [ɔfi'sɛrsˌmɛsə] |
| machinekamer (de) | **maskinrom** (n) | [mɑ'şinˌrʉm] |
| brug (de) | **kommandobro** (m/f) | [kɔ'mɑndʉˌbrʉ] |
| radiokamer (de) | **radiorom** (m) | ['rɑdiʉˌrʉm] |
| radiogolf (de) | **bølge** (m) | ['bølgə] |
| logboek (het) | **loggbok** (m/f) | ['lɔgˌbʉk] |
| verrekijker (de) | **langkikkert** (m) | ['lɑŋˌkikeːt] |
| klok (de) | **klokke** (m/f) | ['klɔkə] |

| | | |
|---|---|---|
| vlag (de) | flagg (n) | ['flag] |
| kabel (de) | trosse (m/f) | ['trʊsə] |
| knoop (de) | knute (m) | ['knʉtə] |

| | | |
|---|---|---|
| trapleuning (de) | rekkverk (n) | ['rɛk͵værk] |
| trap (de) | landgang (m) | ['lan͵gaŋ] |

| | | |
|---|---|---|
| anker (het) | anker (n) | ['ankər] |
| het anker lichten | å lette anker | [ɔ 'letə 'ankər] |
| het anker neerlaten | å kaste anker | [ɔ 'kastə 'ankər] |
| ankerketting (de) | ankerkjetting (m) | ['ankər͵çɛtiŋ] |

| | | |
|---|---|---|
| haven (bijv. containerhaven) | havn (m/f) | ['havn] |
| kaai (de) | kai (m/f) | ['kaj] |
| aanleggen (ww) | å fortøye | [ɔ fɔːˈtøjə] |
| wegvaren (ww) | å kaste loss | [ɔ 'kastə lɔs] |

| | | |
|---|---|---|
| reis (de) | reise (m/f) | ['ræjsə] |
| cruise (de) | cruise (n) | ['krʉs] |
| koers (de) | kurs (m) | ['kʉʂ] |
| route (de) | rute (m/f) | ['rʉtə] |

| | | |
|---|---|---|
| vaarwater (het) | seilrende (m) | ['sæjl͵rɛnə] |
| zandbank (de) | grunne (m/f) | ['grʉnə] |
| stranden (ww) | å gå på grunn | [ɔ 'gɔ pɔ 'grʉn] |

| | | |
|---|---|---|
| storm (de) | storm (m) | ['stɔrm] |
| signaal (het) | signal (n) | [siŋ'nal] |
| zinken (ov. een boot) | å synke | [ɔ 'sʏnkə] |
| Man overboord! | Mann over bord! | ['man ͵ɔvər 'bʊr] |
| SOS (noodsignaal) | SOS (n) | [ɛsʊ'ɛs] |
| reddingsboei (de) | livbøye (m/f) | ['liv͵bøjə] |

## 108. Vliegveld

| | | |
|---|---|---|
| luchthaven (de) | flyplass (m) | ['fly͵plas] |
| vliegtuig (het) | fly (n) | ['fly] |
| luchtvaartmaatschappij (de) | flyselskap (n) | ['flysəl͵skap] |
| luchtverkeersleider (de) | flygeleder (m) | ['flygə͵ledər] |

| | | |
|---|---|---|
| vertrek (het) | avgang (m) | ['av͵gaŋ] |
| aankomst (de) | ankomst (m) | ['an͵komst] |
| aankomen (per vliegtuig) | å ankomme | [ɔ 'an͵komə] |

| | | |
|---|---|---|
| vertrektijd (de) | avgangstid (m/f) | ['avgaŋs͵tid] |
| aankomstuur (het) | ankomsttid (m/f) | [an'koms͵tid] |

| | | |
|---|---|---|
| vertraagd zijn (ww) | å bli forsinket | [ɔ 'bli fɔ'ʂinkət] |
| vluchtvertraging (de) | avgangsforsinkelse (m) | ['avgaŋs fɔ'ʂinkəlsə] |

| | | |
|---|---|---|
| informatiebord (het) | informasjonstavle (m/f) | [informa'ʂʊns ͵tavlə] |
| informatie (de) | informasjon (m) | [informa'ʂʊn] |
| aankondigen (ww) | å meddele | [ɔ 'mɛd͵delə] |
| vlucht (bijv. KLM ~) | fly (n) | ['fly] |

| | | |
|---|---|---|
| douane (de) | toll (m) | ['tɔl] |
| douanier (de) | tollbetjent (m) | ['tɔlbe‚tjɛnt] |
| | | |
| douaneaangifte (de) | tolldeklarasjon (m) | ['tɔldɛklara'ʂʊn] |
| invullen (douaneaangifte ~) | å utfylle | [ɔ 'ʉt‚fʏlə] |
| een douaneaangifte invullen | å utfylle en tolldeklarasjon | [ɔ 'ʉt‚fʏlə en 'tɔldɛklara‚ʂʊn] |
| paspoortcontrole (de) | passkontroll (m) | ['paskʊn‚trɔl] |
| | | |
| bagage (de) | bagasje (m) | [ba'gaʂə] |
| handbagage (de) | håndbagasje (m) | ['hɔn‚ba'gaʂə] |
| bagagekarretje (het) | bagasjetralle (m/f) | [ba'gaʂə‚tralə] |
| | | |
| landing (de) | landing (m) | ['laniŋ] |
| landingsbaan (de) | landingsbane (m) | ['laniŋs‚banə] |
| landen (ww) | å lande | [ɔ 'lanə] |
| vliegtuigtrap (de) | trapp (m/f) | ['trap] |
| | | |
| inchecken (het) | innsjekking (m/f) | ['in‚ʂɛkiŋ] |
| incheckbalie (de) | innsjekkingsskranke (m) | ['in‚ʂɛkiŋs ‚skrankə] |
| inchecken (ww) | å sjekke inn | [ɔ 'ʂɛkə in] |
| instapkaart (de) | boardingkort (n) | ['bɔːdiŋ‚kɔːt] |
| gate (de) | gate (m/f) | ['gejt] |
| | | |
| transit (de) | transitt (m) | [tran'sit] |
| wachten (ww) | å vente | [ɔ 'vɛntə] |
| wachtzaal (de) | ventehall (m) | ['vɛntə‚hal] |
| begeleiden (uitwuiven) | å ta avskjed | [ɔ 'ta 'af‚ʂɛd] |
| afscheid nemen (ww) | å si farvel | [ɔ 'si far'vɛl] |

# Gebeurtenissen in het leven

## 109. Vakanties. Evenement

| feest (het) | fest (m) | ['fɛst] |
| nationale feestdag (de) | nasjonaldag (m) | [naʂʉ'nal,da] |
| feestdag (de) | festdag (m) | ['fɛst,da] |
| herdenken (ww) | å feire | [ɔ 'fæjrə] |

| gebeurtenis (de) | begivenhet (m/f) | [be'jiven,het] |
| evenement (het) | evenement (n) | [ɛvenə'maŋ] |
| banket (het) | bankett (m) | [ban'kɛt] |
| receptie (de) | resepsjon (m) | [resɛp'ʂʉn] |
| feestmaal (het) | fest (n) | ['fɛst] |

| verjaardag (de) | årsdag (m) | ['oːʂ,da] |
| jubileum (het) | jubileum (n) | [jʉbi'leʉm] |
| vieren (ww) | å feire | [ɔ 'fæjrə] |

| Nieuwjaar (het) | nytt år (n) | ['nʏt ,oːr] |
| Gelukkig Nieuwjaar! | Godt nytt år! | ['gɔt nʏt ,oːr] |
| Sinterklaas (de) | Julenissen | ['jʉlə,nisən] |

| Kerstfeest (het) | Jul (m/f) | ['jʉl] |
| Vrolijk kerstfeest! | Gledelig jul! | ['gledəli 'jʉl] |
| kerstboom (de) | juletre (n) | ['jʉlə,trɛ] |
| vuurwerk (het) | fyrverkeri (n) | [,fyrværkə'ri] |

| bruiloft (de) | bryllup (n) | ['brʏlʉp] |
| bruidegom (de) | brudgom (m) | ['brʉd,gɔm] |
| bruid (de) | brud (m/f) | ['brʉd] |

| uitnodigen (ww) | å innby, å invitere | [ɔ 'inby], [ɔ invi'terə] |
| uitnodiging (de) | innbydelse (m) | [in'bydəlse] |

| gast (de) | gjest (m) | ['jɛst] |
| op bezoek gaan | å besøke | [ɔ be'søkə] |
| gasten verwelkomen | å hilse på gjestene | [ɔ 'hilsə pɔ 'jɛstenə] |

| geschenk, cadeau (het) | gave (m/f) | ['gavə] |
| geven (iets cadeau ~) | å gi | [ɔ 'ji] |
| geschenken ontvangen | å få gaver | [ɔ 'fɔ 'gavər] |
| boeket (het) | bukett (m) | [bʉ'kɛt] |

| felicitaties (mv.) | lykkønskning (m/f) | ['lʏk,ønskniŋ] |
| feliciteren (ww) | å gratulere | [ɔ gratʉ'lerə] |

| wenskaart (de) | gratulasjonskort (n) | [gratʉla'ʂʉns,koːt] |
| een kaartje versturen | å sende postkort | [ɔ 'sɛnə 'post,koːt] |
| een kaartje ontvangen | å få postkort | [ɔ 'fɔ 'post,koːt] |

| toast (de) | skål (m/f) | ['skɔl] |
| aanbieden (een drankje ~) | å tilby | [ɔ 'tilby] |
| champagne (de) | champagne (m) | [ʂam'panjə] |

| plezier hebben (ww) | å more seg | [ɔ 'mʉrə sæj] |
| plezier (het) | munterhet (m) | ['mʉntər,het] |
| vreugde (de) | glede (m/f) | ['glede] |

| dans (de) | dans (m) | ['dɑns] |
| dansen (ww) | å danse | [ɔ 'dɑnsə] |

| wals (de) | vals (m) | ['vɑls] |
| tango (de) | tango (m) | ['tɑŋgʉ] |

## 110. Begrafenissen. Begrafenis

| kerkhof (het) | gravplass, kirkegård (m) | ['grɑv,plɑs], ['çirkə,gɔːr] |
| graf (het) | grav (m) | ['grɑv] |
| kruis (het) | kors (n) | ['kɔːʂ] |
| grafsteen (de) | gravstein (m) | ['grɑf,stæjn] |
| omheining (de) | gjerde (n) | ['jærə] |
| kapel (de) | kapell (n) | [kɑ'pɛl] |

| dood (de) | død (m) | ['dø] |
| sterven (ww) | å dø | [ɔ 'dø] |
| overledene (de) | den avdøde | [den 'ɑv,dødə] |
| rouw (de) | sorg (m/f) | ['sɔr] |

| begraven (ww) | å begrave | [ɔ be'grɑvə] |
| begrafenisonderneming (de) | begravelsesbyrå (n) | [be'grɑvəlsəs by,ro] |
| begrafenis (de) | begravelse (m) | [be'grɑvəlsə] |

| krans (de) | krans (m) | ['krɑns] |
| doodskist (de) | likkiste (m/f) | ['lik,çistə] |
| lijkwagen (de) | likbil (m) | ['lik,bil] |
| lijkkleed (de) | likklede (n) | ['lik,kledə] |

| begrafenisstoet (de) | gravfølge (n) | ['grɑv,følgə] |
| urn (de) | askeurne (m/f) | ['askə,ʉːnə] |
| crematorium (het) | krematorium (n) | [krɛmɑ'tʉrium] |

| overlijdensbericht (het) | nekrolog (m) | [nekrʉ'lɔg] |
| huilen (wenen) | å gråte | [ɔ 'groːtə] |
| snikken (huilen) | å hulke | [ɔ 'hʉlkə] |

## 111. Oorlog. Soldaten

| peloton (het) | tropp (m) | ['trɔp] |
| compagnie (de) | kompani (n) | [kʉmpɑ'ni] |
| regiment (het) | regiment (n) | [rɛgi'mɛnt] |
| leger (armee) | hær (m) | ['hær] |
| divisie (de) | divisjon (m) | [divi'ʂʉn] |

| sectie (de) | tropp (m) | ['trɔp] |
| troep (de) | hær (m) | ['hær] |

| soldaat (militair) | soldat (m) | [sʊl'dat] |
| officier (de) | offiser (m) | [ɔfi'sɛr] |

| soldaat (rang) | menig (m) | ['meni] |
| sergeant (de) | sersjant (m) | [sær'ʂant] |
| luitenant (de) | løytnant (m) | ['løjt‚nant] |
| kapitein (de) | kaptein (m) | [kɑp'tæjn] |
| majoor (de) | major (m) | [ma'jɔr] |
| kolonel (de) | oberst (m) | ['ʊbɛʂt] |
| generaal (de) | general (m) | [gene'ral] |

| matroos (de) | sjømann (m) | ['ʂø‚man] |
| kapitein (de) | kaptein (m) | [kɑp'tæjn] |
| bootsman (de) | båtsmann (m) | ['bɔs‚man] |

| artillerist (de) | artillerist (m) | [‚ɑːʈile'rist] |
| valschermjager (de) | fallskjermjeger (m) | ['fal‚ʂærm 'jɛːgər] |
| piloot (de) | flyger, flyver (m) | ['flygər], ['flyvər] |
| stuurman (de) | styrmann (m) | ['styr‚man] |
| mecanicien (de) | mekaniker (m) | [me'kanikər] |

| sappeur (de) | pioner (m) | [piʊ'ner] |
| parachutist (de) | fallskjermhopper (m) | ['fal‚ʂærm 'hɔpər] |
| verkenner (de) | oppklaringssoldat (m) | ['ɔp‚klariŋ sʊl'dat] |
| scherpschutter (de) | skarpskytte (m) | ['skɑrp‚ʂʏtə] |
| patrouille (de) | patrulje (m) | [pɑ'trʉlje] |
| patrouilleren (ww) | å patruljere | [ɔ patrʉ'ljerə] |
| wacht (de) | vakt (m) | ['vɑkt] |

| krijger (de) | kriger (m) | ['krigər] |
| held (de) | helt (m) | ['hɛlt] |
| heldin (de) | heltinne (m) | ['hɛlt‚inə] |
| patriot (de) | patriot (m) | [patri'ɔt] |

| verrader (de) | forræder (m) | [fɔ'rædər] |
| verraden (ww) | å forråde | [ɔ fɔ'rɔːdə] |
| deserteur (de) | desertør (m) | [desæː'tør] |
| deserteren (ww) | å desertere | [ɔ desæː'tɛrə] |

| huurling (de) | leiesoldat (m) | ['læjesʊl‚dat] |
| rekruut (de) | rekrutt (m) | [re'krʉt] |
| vrijwilliger (de) | frivillig (m) | ['fri‚vili] |

| gedode (de) | drept (m) | ['drɛpt] |
| gewonde (de) | såret (m) | ['soːrə] |
| krijgsgevangene (de) | fange (m) | ['faŋə] |

## 112. Oorlog. Militaire acties. Deel 1

| oorlog (de) | krig (m) | ['krig] |
| oorlog voeren (ww) | å være i krig | [ɔ 'værə i ‚krig] |

| burgeroorlog (de) | borgerkrig (m) | ['bɔrgər‚krig] |
| achterbaks (bw) | lumsk, forræderisk | ['lʉmsk], [fɔ'rædərisk] |
| oorlogsverklaring (de) | krigserklæring (m) | ['krigs ær‚klæriŋ] |
| verklaren (de oorlog ~) | å erklære | [ɔ ær'klærə] |
| agressie (de) | aggresjon (m) | [agre'ʂʉn] |
| aanvallen (binnenvallen) | å angripe | [ɔ 'an‚gripə] |

| binnenvallen (ww) | å invadere | [ɔ inva'derə] |
| invaller (de) | angriper (m) | ['an‚gripər] |
| veroveraar (de) | erobrer (m) | [ɛ'rʉbrər] |

| verdediging (de) | forsvar (n) | ['fʉ‚svar] |
| verdedigen (je land ~) | å forsvare | [ɔ fɔ'ʂvarə] |
| zich verdedigen (ww) | å forsvare seg | [ɔ fɔ'ʂvarə sæj] |

| vijand (de) | fiende (m) | ['fiɛndə] |
| tegenstander (de) | motstander (m) | ['mʉt‚stanər] |
| vijandelijk (bn) | fiendtlig | ['fjɛntli] |

| strategie (de) | strategi (m) | [strate'gi] |
| tactiek (de) | taktikk (m) | [tak'tik] |

| order (de) | ordre (m) | ['ɔrdrə] |
| bevel (het) | ordre, kommando (m/f) | ['ɔrdrə], ['kʉ'mandʉ] |
| bevelen (ww) | å beordre | [ɔ be'ɔrdrə] |
| opdracht (de) | oppdrag (m) | ['ɔpdrag] |
| geheim (bn) | hemmelig | ['hɛməli] |

| slag (de) | batalje (m) | [ba'taljə] |
| veldslag (de) | slag (n) | ['ʂlag] |
| strijd (de) | kamp (m) | ['kamp] |

| aanval (de) | angrep (n) | ['an‚grɛp] |
| bestorming (de) | storm (m) | ['stɔrm] |
| bestormen (ww) | å storme | [ɔ 'stɔrmə] |
| bezetting (de) | beleiring (m/f) | [be'læjriŋ] |

| aanval (de) | offensiv (m), angrep (n) | ['ɔfen‚sif], ['an‚grɛp] |
| in het offensief te gaan | å angripe | [ɔ 'an‚gripə] |

| terugtrekking (de) | retrett (m) | [rɛ'trɛt] |
| zich terugtrekken (ww) | å retirere | [ɔ reti'rerə] |

| omsingeling (de) | omringing (m/f) | ['ɔm‚riŋiŋ] |
| omsingelen (ww) | å omringe | [ɔ 'ɔm‚riŋə] |

| bombardement (het) | bombing (m/f) | ['bʉmbiŋ] |
| een bom gooien | å slippe bombe | [ɔ 'ʂlipə 'bʉmbə] |
| bombarderen (ww) | å bombardere | [ɔ bʉmba:'dɛrə] |
| ontploffing (de) | eksplosjon (m) | [ɛksplʉ'ʂʉn] |

| schot (het) | skudd (n) | ['skʉd] |
| een schot lossen | å skyte av | [ɔ 'ʂytə a:] |
| schieten (ww) | skytning (m/f) | ['ʂytniŋ] |
| mikken op (ww) | å sikte på ... | [ɔ 'siktə pɔ ...] |
| aanleggen (een wapen ~) | å rette | [ɔ 'rɛtə] |

| treffen (doelwit ~) | å treffe | [ɔ 'trɛfə] |
| zinken (tot zinken brengen) | å senke | [ɔ 'sɛnkə] |
| kogelgat (het) | hull (n) | ['hʉl] |
| zinken (gezonken zijn) | å synke | [ɔ 'sʏnkə] |

| front (het) | front (m) | ['frɔnt] |
| evacuatie (de) | evakuering (m/f) | [ɛvakʉ'eriŋ] |
| evacueren (ww) | å evakuere | [ɔ ɛvakʉ'erə] |

| loopgraaf (de) | skyttergrav (m) | ['ʂytə,grɑv] |
| prikkeldraad (de) | piggtråd (m) | ['pig,trɔd] |
| verdedigingsobstakel (het) | hinder (n), sperring (m/f) | ['hindər], ['spɛriŋ] |
| wachttoren (de) | vakttårn (n) | ['vakt,tɔːn] |

| hospitaal (het) | militærsykehus (n) | [mili'tær,sykə'hʉs] |
| verwonden (ww) | å såre | [ɔ 'soːrə] |
| wond (de) | sår (n) | ['sɔr] |
| gewonde (de) | såret (n) | ['soːrə] |
| gewond raken (ww) | å bli såret | [ɔ 'bli 'soːrət] |
| ernstig (~e wond) | alvorlig | [al'vɔːli] |

## 113. Oorlog. Militaire acties. Deel 2

| krijgsgevangenschap (de) | fangeskap (n) | ['faŋə,skap] |
| krijgsgevangen nemen | å ta til fange | [ɔ 'ta til 'faŋə] |
| krijgsgevangene zijn | å være i fangeskap | [ɔ 'værə i 'faŋə,skap] |
| krijgsgevangen genomen worden | å bli tatt til fange | [ɔ 'bli tat til 'faŋə] |

| concentratiekamp (het) | konsentrasjonsleir (m) | [kʉnsəntra'ʂʉns,læjr] |
| krijgsgevangene (de) | fange (m) | ['faŋə] |
| vluchten (ww) | å flykte | [ɔ 'flʏktə] |

| verraden (ww) | å forråde | [ɔ fɔ'rɔːdə] |
| verrader (de) | forræder (m) | [fɔ'rædər] |
| verraad (het) | forræderi (n) | [forædə'ri] |

| fusilleren (executeren) | å henrette ved skyting | [ɔ 'hɛn,rɛtə ve 'ʂytiŋ] |
| executie (de) | skyting (m/f) | ['ʂytiŋ] |

| uitrusting (de) | mundering (m/f) | [mʉn'dɛriŋ] |
| schouderstuk (het) | skulderklaff (m) | ['skʉldər,klɑf] |
| gasmasker (het) | gassmaske (m/f) | ['gas,maskə] |

| portofoon (de) | feltradio (m) | ['fɛlt,radiʉ] |
| geheime code (de) | chiffer (n) | ['ʂifər] |
| samenzwering (de) | hemmeligholdelse (m) | ['hɛm(ə)li,hɔləlsə] |
| wachtwoord (het) | passord (n) | ['pas,uːr] |

| mijn (landmijn) | mine (m/f) | ['minə] |
| ondermijnen (legden mijnen) | å minelegge | [ɔ 'minə,legə] |
| mijnenveld (het) | minefelt (n) | ['minə,fɛlt] |
| luchtalarm (het) | flyalarm (m) | ['fly a'larm] |
| alarm (het) | alarm (m) | [a'larm] |

| signaal (het) | signal (n) | [siŋ'nɑl] |
| vuurpijl (de) | signalrakett (m) | [siŋ'nɑl rɑ'kɛt] |

| staf (generale ~) | stab (m) | ['stɑb] |
| verkenningstocht (de) | oppklaring (m/f) | ['ɔp‚klɑriŋ] |
| toestand (de) | situasjon (m) | [situɑ'ʂʊn] |
| rapport (het) | rapport (m) | [rɑ'pɔːt] |
| hinderlaag (de) | bakhold (n) | ['bɑk‚hɔl] |
| versterking (de) | forsterkning (m/f) | [fɔ'ʂtærkniŋ] |

| doel (bewegend ~) | mål (n) | ['mol] |
| proefterrein (het) | skytefelt (n) | ['ʂytə‚fɛlt] |
| manoeuvres (mv.) | manøverer (m pl) | [mɑ'nøvər] |

| paniek (de) | panikk (m) | [pɑ'nik] |
| verwoesting (de) | ødeleggelse (m) | ['ødə‚legəlsə] |
| verwoestingen (mv.) | ruiner (m pl) | [rʉ'inər] |
| verwoesten (ww) | å ødelegge | [ɔ 'ødə‚legə] |

| overleven (ww) | å overleve | [ɔ 'ɔvə‚levə] |
| ontwapenen (ww) | å avvæpne | [ɔ 'ɑv‚væpnə] |
| behandelen (een pistool ~) | å handtere | [ɔ hɑn'terə] |

| Geeft acht! | Rett! \| Gi-akt! | ['rɛt], ['jiː'ɑkt] |
| Op de plaats rust! | Hvil! | ['vil] |

| heldendaad (de) | bedrift (m) | [be'drift] |
| eed (de) | ed (m) | ['ɛd] |
| zweren (een eed doen) | å sverge | [ɔ 'sværgə] |

| decoratie (de) | belønning (m/f) | [be'lœniŋ] |
| onderscheiden | å belønne | [ɔ be'lœnə] |
| (een ereteken geven) | | |
| medaille (de) | medalje (m) | [me'dɑljə] |
| orde (de) | orden (m) | ['ɔrdən] |

| overwinning (de) | seier (m) | ['sæjər] |
| verlies (het) | nederlag (n) | ['nedə‚lɑg] |
| wapenstilstand (de) | våpenhvile (m) | ['vɔpən‚vilə] |

| wimpel (vaandel) | fane (m) | ['fɑnə] |
| roem (de) | berømmelse (m) | [be'rœmelsə] |
| parade (de) | parade (m) | [pɑ'rɑdə] |
| marcheren (ww) | å marsjere | [ɔ mɑ'ʂerə] |

## 114. Wapens

| wapens (mv.) | våpen (n) | ['vɔpən] |
| vuurwapens (mv.) | skytevåpen (n) | ['ʂytə‚vɔpən] |
| koude wapens (mv.) | blankvåpen (n) | ['blɑnk‚vɔpən] |

| chemische wapens (mv.) | kjemisk våpen (n) | ['çemisk ‚vɔpən] |
| kern-, nucleair (bn) | kjerne- | ['çæːŋə-] |
| kernwapens (mv.) | kjernevåpen (n) | ['çæːŋə‚vɔpən] |

| bom (de) | bombe (m) | ['bʊmbə] |
| atoombom (de) | atombombe (m) | [a'tʊm‚bʊmbə] |

| pistool (het) | pistol (m) | [pi'stʊl] |
| geweer (het) | gevær (n) | [ge'vær] |
| machinepistool (het) | maskinpistol (m) | [ma'ʂin pi‚stʊl] |
| machinegeweer (het) | maskingevær (n) | [ma'ʂin ge‚vær] |

| loop (schietbuis) | munning (m) | ['mʉniŋ] |
| loop (bijv. geweer met kortere ~) | løp (n) | ['løp] |
| kaliber (het) | kaliber (m/n) | [ka'libər] |

| trekker (de) | avtrekker (m) | ['av‚trɛkər] |
| korrel (de) | sikte (n) | ['siktə] |
| magazijn (het) | magasin (n) | [maga'sin] |
| geweerkolf (de) | kolbe (m) | ['kɔlbə] |

| granaat (handgranaat) | håndgranat (m) | ['hɔn‚gra'nat] |
| explosieven (mv.) | sprengstoff (n) | ['sprɛŋ‚stɔf] |

| kogel (de) | kule (m/f) | ['kʉ:lə] |
| patroon (de) | patron (m) | [pa'trʊn] |
| lading (de) | ladning (m) | ['ladniŋ] |
| ammunitie (de) | ammunisjon (m) | [amʉni'ʂʊn] |

| bommenwerper (de) | bombefly (n) | ['bʊmbə‚fly] |
| straaljager (de) | jagerfly (n) | ['jagər‚fly] |
| helikopter (de) | helikopter (n) | [heli'kɔptər] |

| afweergeschut (het) | luftvernkanon (m) | ['lʉftvɛ:n̩ ka'nʊn] |
| tank (de) | stridsvogn (m/f) | ['strids‚vɔŋn] |
| kanon (tank met een ~ van 76 mm) | kanon (m) | [ka'nʊn] |

| artillerie (de) | artilleri (n) | [‚a:ʈile'ri] |
| kanon (het) | kanon (m) | [ka'nʊn] |
| aanleggen (een wapen ~) | å rette | [ɔ 'rɛtə] |

| projectiel (het) | projektil (m) | [prʊek'til] |
| mortiergranaat (de) | granat (m/f) | [gra'nat] |
| mortier (de) | granatkaster (m) | [gra'nat‚kastər] |
| granaatscherf (de) | splint (m) | ['splint] |

| duikboot (de) | ubåt (m) | ['ʉ:‚bɔt] |
| torpedo (de) | torpedo (m) | [tʊr'pedʊ] |
| raket (de) | rakett (m) | [ra'kɛt] |

| laden (geweer, kanon) | å lade | [ɔ 'ladə] |
| schieten (ww) | å skyte | [ɔ 'ʂytə] |
| richten op (mikken) | å sikte på ... | [ɔ 'siktə pɔ ...] |
| bajonet (de) | bajonett (m) | [bajo'nɛt] |

| degen (de) | kårde (m) | ['ko:rdə] |
| sabel (de) | sabel (m) | ['sabəl] |
| speer (de) | spyd (n) | ['spyd] |

| boog (de) | bue (m) | ['bʉːə] |
| pijl (de) | pil (m/f) | ['pil] |
| musket (de) | muskett (m) | [mʉ'skɛt] |
| kruisboog (de) | armbrøst (m) | ['arm‚brøst] |

## 115. Oude mensen

| primitief (bn) | ur- | ['ʉr-] |
| voorhistorisch (bn) | forhistorisk | ['forhi‚stʉrisk] |
| eeuwenoude (~ beschaving) | oldtidens, antikkens | ['ɔl‚tidəns], [an'tikəns] |

| Steentijd (de) | Steinalderen | ['stæjn‚aldərən] |
| Bronstijd (de) | bronsealder (m) | ['bronsə‚aldər] |
| IJstijd (de) | istid (m/f) | ['is‚tid] |

| stam (de) | stamme (m) | ['stamə] |
| menseneter (de) | kannibal (m) | [kani'bal] |
| jager (de) | jeger (m) | ['jɛːgər] |
| jagen (ww) | å jage | [ɔ 'jagə] |
| mammoet (de) | mammut (m) | ['mamʉt] |

| grot (de) | grotte (m/f) | ['grɔtə] |
| vuur (het) | ild (m) | ['il] |

| kampvuur (het) | bål (n) | ['bɔl] |
| rotstekening (de) | helleristning (m/f) | ['hɛlə‚ristniŋ] |

| werkinstrument (het) | redskap (m/n) | ['rɛd‚skɑp] |
| speer (de) | spyd (n) | ['spyd] |
| stenen bijl (de) | steinøks (m/f) | ['stæjn‚øks] |

| oorlog voeren (ww) | å være i krig | [ɔ 'værə i ‚krig] |
| temmen (bijv. wolf ~) | å temme | [ɔ 'tɛmə] |

| idool (het) | idol (n) | [i'dʉl] |
| aanbidden (ww) | å dyrke | [ɔ 'dyrkə] |

| bijgeloof (het) | overtro (m) | ['ɔvə‚trʉ] |
| ritueel (het) | ritual (n) | [ritʉ'al] |

| evolutie (de) | evolusjon (m) | [ɛvɔlʉ'ʂʉn] |
| ontwikkeling (de) | utvikling (m/f) | ['ʉt‚vikliŋ] |

| verdwijning (de) | forsvinning (m/f) | [fɔ'ʂviniŋ] |
| zich aanpassen (ww) | å tilpasse seg | [ɔ 'til‚pasə sæj] |

| archeologie (de) | arkeologi (m) | [‚arkeʉlʉ'gi] |
| archeoloog (de) | arkeolog (m) | [‚arkeʉ'lɔg] |
| archeologisch (bn) | arkeologisk | [‚arkeʉ'lɔgisk] |

| opgravingsplaats (de) | utgravingssted (n) | ['ʉt‚graviŋs ‚sted] |
| opgravingen (mv.) | utgravinger (m/f pl) | ['ʉt‚graviŋər] |
| vondst (de) | funn (n) | ['fʉn] |
| fragment (het) | fragment (n) | [frag'mɛnt] |

## 116. Middeleeuwen

| | | |
|---|---|---|
| volk (het) | folk (n) | ['folk] |
| volkeren (mv.) | folk (n pl) | ['folk] |
| stam (de) | stamme (m) | ['stamə] |
| stammen (mv.) | stammer (m pl) | ['stamər] |

| | | |
|---|---|---|
| barbaren (mv.) | barbarer (m pl) | [bar'barər] |
| Galliërs (mv.) | gallere (m pl) | ['galere] |
| Goten (mv.) | gotere (m pl) | ['gɔterə] |
| Slaven (mv.) | slavere (m pl) | ['slavɛrə] |
| Vikings (mv.) | vikinger (m pl) | ['vikiŋər] |

| | | |
|---|---|---|
| Romeinen (mv.) | romere (m pl) | ['rʊmerə] |
| Romeins (bn) | romersk | ['rʊmæʂk] |

| | | |
|---|---|---|
| Byzantijnen (mv.) | bysantiner (m pl) | [bysan'tinər] |
| Byzantium (het) | Bysants | [by'sants] |
| Byzantijns (bn) | bysantinsk | [bysan'tinsk] |

| | | |
|---|---|---|
| keizer (bijv. Romeinse ~) | keiser (m) | ['kæjsər] |
| opperhoofd (het) | høvding (m) | ['høvdiŋ] |
| machtig (bn) | mektig | ['mɛkti] |
| koning (de) | konge (m) | ['kʊŋə] |
| heerser (de) | hersker (m) | ['hæʂkər] |

| | | |
|---|---|---|
| ridder (de) | ridder (m) | ['ridər] |
| feodaal (de) | føydalherre (m) | ['føjdal,hɛrə] |
| feodaal (bn) | føydal | ['føjdal] |
| vazal (de) | vasall (m) | [va'sal] |

| | | |
|---|---|---|
| hertog (de) | hertug (m) | ['hæ:tʉg] |
| graaf (de) | greve (m) | ['grevə] |
| baron (de) | baron (m) | [ba'rʊn] |
| bisschop (de) | biskop (m) | ['biskɔp] |

| | | |
|---|---|---|
| harnas (het) | rustning (m/f) | ['rʉstniŋ] |
| schild (het) | skjold (n) | ['ʂɔl] |
| zwaard (het) | sverd (n) | ['sværd] |
| vizier (het) | visir (n) | [vi'sir] |
| maliënkolder (de) | ringbrynje (m/f) | ['riŋ,brynje] |

| | | |
|---|---|---|
| kruistocht (de) | korstog (n) | ['kɔ:ʂ,tɔg] |
| kruisvaarder (de) | korsfarer (m) | ['kɔ:ʂ,farər] |

| | | |
|---|---|---|
| gebied (bijv. bezette ~en) | territorium (n) | [tɛri'tʉrium] |
| aanvallen (binnenvallen) | å angripe | [ɔ 'an,gripə] |
| veroveren (ww) | å erobre | [ɔ ɛ'rʊbrə] |
| innemen (binnenvallen) | å okkupere | [ɔ ɔkʉ'perə] |

| | | |
|---|---|---|
| bezetting (de) | beleiring (m/f) | [be'læjriŋ] |
| bezet (bn) | beleiret | [be'læjrət] |
| belegeren (ww) | å beleire | [ɔ be'læjre] |
| inquisitie (de) | inkvisisjon (m) | [inkvisi'ʂʊn] |
| inquisiteur (de) | inkvisitor (m) | [inkvi'sitʉr] |

| foltering (de) | tortur (m) | [tɔ:'tʉr] |
| wreed (bn) | brutal | [brʉ'tal] |
| ketter (de) | kjetter (m) | ['çɛtər] |
| ketterij (de) | kjetteri (n) | [çɛtə'ri] |

| zeevaart (de) | sjøfart (m) | ['ʂø‚fa:t] |
| piraat (de) | pirat, sjørøver (m) | ['pi'rat], ['ʂø‚røvər] |
| piraterij (de) | sjørøveri (n) | ['ʂø røvɛ'ri] |
| enteren (het) | entring (m/f) | ['ɛntriŋ] |
| buit (de) | bytte (n) | ['bʏtə] |
| schatten (mv.) | skatter (m pl) | ['skatər] |

| ontdekking (de) | oppdagelse (m) | ['ɔp‚dagəlsə] |
| ontdekken (bijv. nieuw land) | å oppdage | [ɔ 'ɔp‚dagə] |
| expeditie (de) | ekspedisjon (m) | [ɛkspedi'ʂʉn] |

| musketier (de) | musketer (m) | [mʉskə'ter] |
| kardinaal (de) | kardinal (m) | [kɑːɖi'nɑl] |
| heraldiek (de) | heraldikk (m) | [heral'dik] |
| heraldisch (bn) | heraldisk | [he'raldisk] |

## 117. Leider. Baas. Autoriteiten

| koning (de) | konge (m) | ['kʉŋə] |
| koningin (de) | dronning (m/f) | ['drɔniŋ] |
| koninklijk (bn) | kongelig | ['kʉŋəli] |
| koninkrijk (het) | kongerike (n) | ['kʉŋə‚rikə] |

| prins (de) | prins (m) | ['prins] |
| prinses (de) | prinsesse (m/f) | [prin'sɛsə] |

| president (de) | president (m) | [prɛsi'dɛnt] |
| vicepresident (de) | visepresident (m) | ['visə prɛsi'dɛnt] |
| senator (de) | senator (m) | [se'natʉr] |

| monarch (de) | monark (m) | [mʉ'nark] |
| heerser (de) | hersker (m) | ['hæʂkər] |
| dictator (de) | diktator (m) | [dik'tatʉr] |
| tiran (de) | tyrann (m) | [ty'ran] |
| magnaat (de) | magnat (m) | [maŋ'nat] |

| directeur (de) | direktør (m) | [dirɛk'tør] |
| chef (de) | sjef (m) | ['ʂɛf] |
| beheerder (de) | forstander (m) | [fo'ʂtandər] |
| baas (de) | boss (m) | ['bɔs] |
| eigenaar (de) | eier (m) | ['æjər] |

| leider (de) | leder (m) | ['ledər] |
| hoofd (bijv. ~ van de delegatie) | leder (m) | ['ledər] |
| autoriteiten (mv.) | myndigheter (m pl) | ['mʏndi‚hetər] |
| superieuren (mv.) | overordnede (pl) | ['ɔvər‚ɔrdnedə] |
| gouverneur (de) | guvernør (m) | [gʉver'nør] |
| consul (de) | konsul (m) | ['kʉn‚sʉl] |

115

| | | |
|---|---|---|
| diplomaat (de) | diplomat (m) | [diplʊ'mat] |
| burgemeester (de) | borgermester (m) | [bɔrgər'mɛstər] |
| sheriff (de) | sheriff (m) | [sɛ'rif] |

| | | |
|---|---|---|
| keizer (bijv. Romeinse ~) | keiser (m) | ['kæjsər] |
| tsaar (de) | tsar (m) | ['tsɑr] |
| farao (de) | farao (m) | ['fɑrɑu] |
| kan (de) | khan (m) | ['kɑn] |

## 118. De wet overtreden. Criminelen. Deel 1

| | | |
|---|---|---|
| bandiet (de) | banditt (m) | [ban'dit] |
| misdaad (de) | forbrytelse (m) | [fɔr'brytəlsə] |
| misdadiger (de) | forbryter (m) | [fɔr'brytər] |

| | | |
|---|---|---|
| dief (de) | tyv (m) | ['tyv] |
| stelen (ww) | å stjele | [ɔ 'stjelə] |

| | | |
|---|---|---|
| kidnappen (ww) | å kidnappe | [ɔ 'kid,nɛpə] |
| kidnapping (de) | kidnapping (m) | ['kid,nɛpiŋ] |
| kidnapper (de) | kidnapper (m) | ['kid,nɛpər] |

| | | |
|---|---|---|
| losgeld (het) | løsepenger (m pl) | ['løsə,pɛŋər] |
| eisen losgeld (ww) | å kreve løsepenger | [ɔ 'krevə 'løsə,pɛŋər] |

| | | |
|---|---|---|
| overvallen (ww) | å rane | [ɔ 'ranə] |
| overval (de) | ran (n) | ['ran] |
| overvaller (de) | raner (m) | ['ranər] |

| | | |
|---|---|---|
| afpersen (ww) | å presse ut | [ɔ 'prɛsə ʉt] |
| afperser (de) | utpresser (m) | ['ʉt,prɛsər] |
| afpersing (de) | utpressing (m/f) | ['ʉt,prɛsiŋ] |

| | | |
|---|---|---|
| vermoorden (ww) | å myrde | [ɔ 'mγːdə] |
| moord (de) | mord (n) | ['mʊr] |
| moordenaar (de) | morder (m) | ['mʊrdər] |

| | | |
|---|---|---|
| schot (het) | skudd (n) | ['skʉd] |
| een schot lossen | å skyte av | [ɔ 'ʂytə ɑː] |
| neerschieten (ww) | å skyte ned | [ɔ 'ʂytə ne] |
| schieten (ww) | å skyte | [ɔ 'ʂytə] |
| schieten (het) | skyting, skytning (m/f) | ['ʂytiŋ], ['ʂytniŋ] |

| | | |
|---|---|---|
| ongeluk (gevecht, enz.) | hendelse (m) | ['hɛndəlsə] |
| gevecht (het) | slagsmål (n) | ['ʂlaks,mol] |
| Help! | Hjelp! | ['jɛlp] |
| slachtoffer (het) | offer (n) | ['ɔfər] |

| | | |
|---|---|---|
| beschadigen (ww) | å skade | [ɔ 'skadə] |
| schade (de) | skade (m) | ['skadə] |
| lijk (het) | lik (n) | ['lik] |
| zwaar (~ misdrijf) | alvorlig | [al'vɔːli] |
| aanvallen (ww) | å anfalle | [ɔ 'an,falə] |
| slaan (iemand ~) | å slå | [ɔ 'ʂlo] |

| | | |
|---|---|---|
| in elkaar slaan (toetakelen) | å klå opp | [ɔ 'klɔ ɔp] |
| ontnemen (beroven) | å berøve | [ɔ be'røvə] |
| steken (met een mes) | å stikke i hjel | [ɔ 'stikə i 'jɛl] |
| verminken (ww) | å lemleste | [ɔ 'lem,lestə] |
| verwonden (ww) | å såre | [ɔ 'soːrə] |

| | | |
|---|---|---|
| chantage (de) | utpressing (m/f) | ['ʉt,prɛsiŋ] |
| chanteren (ww) | å utpresse | [ɔ 'ʉt,prɛsə] |
| chanteur (de) | utpresser (m) | ['ʉt,prɛsər] |

| | | |
|---|---|---|
| afpersing (de) | utpressing (m/f) | ['ʉt,prɛsiŋ] |
| afperser (de) | utpresser (m) | ['ʉt,prɛsər] |
| gangster (de) | gangster (m) | ['gɛŋstər] |
| maffia (de) | mafia (m) | ['mɑfiɑ] |

| | | |
|---|---|---|
| kruimeldief (de) | lommetyv (m) | ['lʊmə,tyv] |
| inbreker (de) | innbruddstyv (m) | ['inbrʉds,tyv] |
| smokkelen (het) | smugling (m/f) | ['smʉgliŋ] |
| smokkelaar (de) | smugler (m) | ['smʉglər] |

| | | |
|---|---|---|
| namaak (de) | forfalskning (m/f) | [fɔr'falskniŋ] |
| namaken (ww) | å forfalske | [ɔ fɔr'falskə] |
| namaak-, vals (bn) | falsk | ['falsk] |

## 119. De wet overtreden. Criminelen. Deel 2

| | | |
|---|---|---|
| verkrachting (de) | voldtekt (m) | ['vɔl,tɛkt] |
| verkrachten (ww) | å voldta | [ɔ 'vɔl,ta] |
| verkrachter (de) | voldtektsmann (m) | ['vɔl,tɛkts man] |
| maniak (de) | maniker (m) | ['mɑnikər] |

| | | |
|---|---|---|
| prostituee (de) | prostituert (m) | [prʊstitʉ'eːt] |
| prostitutie (de) | prostitusjon (m) | [prʊstitʉ'ʂʊn] |
| pooier (de) | hallik (m) | ['hɑlik] |

| | | |
|---|---|---|
| drugsverslaafde (de) | narkoman (m) | [nɑrkʊ'mɑn] |
| drugshandelaar (de) | narkolanger (m) | ['nɑrkɔ,lɑŋər] |

| | | |
|---|---|---|
| opblazen (ww) | å sprenge | [ɔ 'sprɛŋə] |
| explosie (de) | eksplosjon (m) | [ɛksplʊ'ʂʊn] |
| in brand steken (ww) | å sette fyr | [ɔ 'sɛtə ,fyr] |
| brandstichter (de) | brannstifter (m) | ['brɑn,stiftər] |

| | | |
|---|---|---|
| terrorisme (het) | terrorisme (m) | [tɛrʊ'rismə] |
| terrorist (de) | terrorist (m) | [tɛrʊ'rist] |
| gijzelaar (de) | gissel (m) | ['jisəl] |

| | | |
|---|---|---|
| bedriegen (ww) | å bedra | [ɔ be'drɑ] |
| bedrog (het) | bedrag (n) | [be'drɑg] |
| oplichter (de) | bedrager, svindler (m) | [be'drɑgər], ['svindlər] |

| | | |
|---|---|---|
| omkopen (ww) | å bestikke | [ɔ be'stikə] |
| omkoperij (de) | bestikkelse (m) | [be'stikəlsə] |
| smeergeld (het) | bestikkelse (m) | [be'stikəlsə] |

| vergif (het) | gift (m/f) | ['jift] |
| vergiftigen (ww) | å forgifte | [ɔ for'jiftə] |
| vergif innemen (ww) | å forgifte seg selv | [ɔ for'jiftə sæj sɛl] |

| zelfmoord (de) | selvmord (n) | ['sɛl,mʉr] |
| zelfmoordenaar (de) | selvmorder (m) | ['sɛl,mʉrdər] |

| bedreigen (bijv. met een pistool) | å true | [ɔ 'trʉə] |
| bedreiging (de) | trussel (m) | ['trʉsəl] |
| een aanslag plegen | å begå mordforsøk | [ɔ be'gɔ 'mʉrdfɔ,søk] |
| aanslag (de) | mordforsøk (n) | ['mʉrdfɔ,søk] |

| stelen (een auto) | å stjele | [ɔ 'stjelə] |
| kapen (een vliegtuig) | å kapre | [ɔ 'kaprə] |

| wraak (de) | hevn (m) | ['hɛvn] |
| wreken (ww) | å hevne | [ɔ 'hɛvnə] |

| martelen (gevangenen) | å torturere | [ɔ tɔ:tʉ'rerə] |
| foltering (de) | tortur (m) | [tɔ:'tʉr] |
| folteren (ww) | å plage | [ɔ 'plagə] |

| piraat (de) | pirat, sjørøver (m) | ['pi'rat], ['ʂø,røvər] |
| straatschender (de) | bølle (m) | ['bølə] |
| gewapend (bn) | bevæpnet | [be'væpnet] |
| geweld (het) | vold (m) | ['vɔl] |
| onwettig (strafbaar) | illegal | ['ile,gal] |

| spionage (de) | spionasje (m) | [spiʉ'naʂə] |
| spioneren (ww) | å spionere | [ɔ spiʉ'nerə] |

## 120. Politie. Wet. Deel 1

| gerecht (het) | justis (m), rettspleie (m/f) | ['jʉ'stis], ['rɛts,plæje] |
| gerechtshof (het) | rettssal (m) | ['rɛts,sal] |

| rechter (de) | dommer (m) | ['dɔmər] |
| jury (de) | lagrettemedlemmer (n pl) | ['lag,rɛtə medle'mer] |
| juryrechtspraak (de) | lagrette, juryordning (m) | ['lag,rɛtə], ['jʉri,ɔrdniŋ] |
| berechten (ww) | å dømme | [ɔ 'dœmə] |

| advocaat (de) | advokat (m) | [advʉ'kat] |
| beklaagde (de) | anklaget (m) | ['an,klaget] |
| beklaagdenbank (de) | anklagebenk (m) | [an'klagə,bɛnk] |

| beschuldiging (de) | anklage (m) | ['an,klagə] |
| beschuldigde (de) | anklagede (m) | ['an,klagedə] |

| vonnis (het) | dom (m) | ['dɔm] |
| veroordelen (in een rechtszaak) | å dømme | [ɔ 'dœmə] |
| schuldige (de) | skyldige (m) | ['ʂyldiə] |
| straffen (ww) | å straffe | [ɔ 'strafə] |

| bestraffing (de) | straff, avstraffelse (m) | ['straf], ['af,strafəlsə] |
|---|---|---|
| boete (de) | bot (m/f) | ['bʊt] |
| levenslange opsluiting (de) | livsvarig fengsel (n) | ['lifs,vari 'fɛŋsəl] |
| doodstraf (de) | dødsstraff (m/f) | ['død,straf] |
| elektrische stoel (de) | elektrisk stol (m) | [ɛ'lektrisk ,stʊl] |
| schavot (het) | galge (m) | ['galgə] |

| executeren (ww) | å henrette | [ɔ 'hɛn,rɛtə] |
|---|---|---|
| executie (de) | henrettelse (m) | ['hɛn,rɛtəlsə] |

| gevangenis (de) | fengsel (n) | ['fɛŋsəl] |
|---|---|---|
| cel (de) | celle (m) | ['sɛlə] |

| konvooi (het) | eskorte (m) | [ɛs'kɔːtə] |
|---|---|---|
| gevangenisbewaker (de) | fangevokter (m) | ['faŋə,vɔktər] |
| gedetineerde (de) | fange (m) | ['faŋə] |

| handboeien (mv.) | håndjern (n pl) | ['hɔn,jæːn] |
|---|---|---|
| handboeien omdoen | å sette håndjern | [ɔ 'sɛtə 'hɔn,jæːn] |

| ontsnapping (de) | flykt (m/f) | ['flʏkt] |
|---|---|---|
| ontsnappen (ww) | å flykte, å rømme | [ɔ 'flʏktə], [ɔ 'rœmə] |
| verdwijnen (ww) | å forsvinne | [ɔ fɔ'ʂvinə] |
| vrijlaten (uit de gevangenis) | å løslate | [ɔ 'løs,latə] |
| amnestie (de) | amnesti (m) | [amnɛ'sti] |

| politie (de) | politi (n) | [pʊli'ti] |
|---|---|---|
| politieagent (de) | politi (m) | [pʊli'ti] |
| politiebureau (het) | politistasjon (m) | [pʊli'ti,sta'ʂʊn] |
| knuppel (de) | gummikølle (m/f) | ['gʉmi,kølə] |
| megafoon (de) | megafon (m) | [mega'fʉn] |

| patrouilleerwagen (de) | patruljebil (m) | [pa'trʉljə,bil] |
|---|---|---|
| sirene (de) | sirene (m/f) | [si'renə] |
| de sirene aansteken | å slå på sirenen | [ɔ 'ʂlɔ pɔ si'renən] |
| geloei (het) van de sirene | sirene hyl (n) | [si'renə ,hyl] |

| plaats delict (de) | åsted (n) | ['ɔsted] |
|---|---|---|
| getuige (de) | vitne (n) | ['vitnə] |
| vrijheid (de) | frihet (m) | ['fri,het] |
| handlanger (de) | medskyldig (m) | ['mɛ,ʂyldi] |
| ontvluchten (ww) | å flykte | [ɔ 'flʏktə] |
| spoor (het) | spor (n) | ['spʊr] |

## 121. Politie. Wet. Deel 2

| opsporing (de) | ettersøking (m/f) | ['ɛtə,søkiŋ] |
|---|---|---|
| opsporen (ww) | å søke etter ... | [ɔ 'søkə ,ɛtər ...] |
| verdenking (de) | mistanke (m) | ['mis,tankə] |
| verdacht (bn) | mistenkelig | [mis'tɛnkəli] |
| aanhouden (stoppen) | å stoppe | [ɔ 'stɔpə] |
| tegenhouden (ww) | å anholde | [ɔ 'an,holə] |
| strafzaak (de) | sak (m/f) | ['sak] |
| onderzoek (het) | etterforskning (m/f) | ['ɛtər,fɔʂkniŋ] |

| detective (de) | detektiv (m) | [detɛk'tiv] |
| onderzoeksrechter (de) | etterforsker (m) | ['ɛtərˌfoʂkər] |
| versie (de) | versjon (m) | [væ'ʂʊn] |

| motief (het) | motiv (n) | [mʊ'tiv] |
| verhoor (het) | forhør (n) | [for'hør] |
| ondervragen (door de politie) | å forhøre | [ɔ for'hørə] |
| ondervragen (omstanders ~) | å avhøre | [ɔ 'avˌhørə] |
| controle (de) | sjekking (m/f) | ['ʂɛkiŋ] |

| razzia (de) | rassia, razzia (m) | ['rɑsiɑ] |
| huiszoeking (de) | ransakelse (m) | ['rɑnˌsɑkəlsə] |
| achtervolging (de) | jakt (m/f) | ['jakt] |
| achtervolgen (ww) | å forfølge | [ɔ for'følə] |
| opsporen (ww) | å spore | [ɔ 'spʊrə] |

| arrest (het) | arrest (m) | [a'rɛst] |
| arresteren (ww) | å arrestere | [ɔ arɛ'sterə] |
| vangen, aanhouden (een dief, enz.) | å fange | [ɔ 'faŋə] |
| aanhouding (de) | pågripelse (m) | ['pɔˌgripəlsə] |

| document (het) | dokument (n) | [dɔkʉ'mɛnt] |
| bewijs (het) | bevis (n) | [be'vis] |
| bewijzen (ww) | å bevise | [ɔ be'visə] |
| voetspoor (het) | fotspor (n) | ['fʊtˌspʊr] |
| vingerafdrukken (mv.) | fingeravtrykk (n pl) | ['fiŋərˌavtrʏk] |
| bewijs (het) | bevis (n) | [be'vis] |

| alibi (het) | alibi (n) | ['alibi] |
| onschuldig (bn) | uskyldig | [ʉ'ʂyldi] |
| onrecht (het) | urettferdighet (m) | ['ʉrɛtfærdiˌhet] |
| onrechtvaardig (bn) | urettferdig | ['ʉrɛtˌfærdi] |

| crimineel (bn) | kriminell | [krimi'nɛl] |
| confisqueren (in beslag nemen) | å konfiskere | [ɔ kʊnfi'skerə] |
| drug (de) | narkotika (m) | [nar'kɔtikɑ] |
| wapen (het) | våpen (n) | ['vɔpən] |
| ontwapenen (ww) | å avvæpne | [ɔ 'avˌvæpnə] |
| bevelen (ww) | å befale | [ɔ be'falə] |
| verdwijnen (ww) | å forsvinne | [ɔ fɔ'ʂvinə] |

| wet (de) | lov (m) | ['lɔv] |
| wettelijk (bn) | lovlig | ['lɔvli] |
| onwettelijk (bn) | ulovlig | [ʉ'lɔvli] |

| verantwoordelijkheid (de) | ansvar (n) | ['anˌsvar] |
| verantwoordelijk (bn) | ansvarlig | [ans'va:li] |

# NATUUR

## De Aarde. Deel 1

### 122. De kosmische ruimte

| | | |
|---|---|---|
| kosmos (de) | rommet, kosmos (n) | ['rʊmə], ['kɔsmɔs] |
| kosmisch (bn) | rom- | ['rʊm-] |
| kosmische ruimte (de) | ytre rom (n) | ['ytrə ˌrʊm] |
| wereld (de) | verden (m) | ['værdən] |
| heelal (het) | univers (n) | [ʉni'væʂ] |
| sterrenstelsel (het) | galakse (m) | [gɑ'lɑksə] |

| | | |
|---|---|---|
| ster (de) | stjerne (m/f) | ['stjæːŋə] |
| sterrenbeeld (het) | stjernebilde (n) | ['stjæːŋəˌbildə] |
| planeet (de) | planet (m) | [plɑ'net] |
| satelliet (de) | satellitt (m) | [sɑtɛ'lit] |

| | | |
|---|---|---|
| meteoriet (de) | meteoritt (m) | [meteʊ'rit] |
| komeet (de) | komet (m) | [kʊ'met] |
| asteroïde (de) | asteroide (n) | [ɑsterʊ'idə] |

| | | |
|---|---|---|
| baan (de) | bane (m) | ['bɑnə] |
| draaien (om de zon, enz.) | å rotere | [ɔ rɔ'terə] |
| atmosfeer (de) | atmosfære (m) | [ɑtmʊ'sfærə] |

| | | |
|---|---|---|
| Zon (de) | Solen | ['sʊlən] |
| zonnestelsel (het) | solsystem (n) | ['sʊl sʏ'stem] |
| zonsverduistering (de) | solformørkelse (m) | ['sʊl fɔr'mœrkəlsə] |

| | | |
|---|---|---|
| Aarde (de) | Jorden | ['juːrən] |
| Maan (de) | Månen | ['moːnən] |

| | | |
|---|---|---|
| Mars (de) | Mars | ['mɑʂ] |
| Venus (de) | Venus | ['venʉs] |
| Jupiter (de) | Jupiter | ['jʉpitər] |
| Saturnus (de) | Saturn | ['sɑˌtʉːŋ] |

| | | |
|---|---|---|
| Mercurius (de) | Merkur | [mær'kʉr] |
| Uranus (de) | Uranus | [ʉ'rɑnʉs] |
| Neptunus (de) | Neptun | [nɛp'tʉn] |
| Pluto (de) | Pluto | ['plʉtʊ] |

| | | |
|---|---|---|
| Melkweg (de) | Melkeveien | ['mɛlkəˌvæjən] |
| Grote Beer (de) | den Store Bjørn | ['dən 'stʉrə ˌbjœːŋ] |
| Poolster (de) | Nordstjernen, Polaris | ['nuːrˌstjæːŋən], [pɔ'laris] |

| | | |
|---|---|---|
| marsmannetje (het) | marsbeboer (m) | ['mɑʂˌbebʊər] |
| buitenaards wezen (het) | utenomjordisk vesen (n) | ['ʉtənɔmˌjuːrdisk 'vesən] |

| | | |
|---|---|---|
| bovenaards (het) | romvesen (n) | ['rʊmˌvesən] |
| vliegende schotel (de) | flygende tallerken (m) | ['flygenə tɑ'lærkən] |
| | | |
| ruimtevaartuig (het) | romskip (n) | ['rʊmˌşip] |
| ruimtestation (het) | romstasjon (m) | ['rʊmˌstɑ'şʊn] |
| start (de) | start (m), oppskyting (m/f) | ['stɑːt], ['ɔpˌşytiŋ] |
| | | |
| motor (de) | motor (m) | ['mɔtʊr] |
| straalpijp (de) | dyse (m) | ['dysə] |
| brandstof (de) | brensel (n), drivstoff (n) | ['brɛnsəl], ['drifˌstɔf] |
| | | |
| cabine (de) | cockpit (m), flydekk (n) | ['kɔkpit], ['flyˌdɛk] |
| antenne (de) | antenne (m) | [ɑn'tɛnə] |
| patrijspoort (de) | koøye (n) | ['kʊˌøjə] |
| zonnebatterij (de) | solbatteri (n) | ['sʊl batɛ'ri] |
| ruimtepak (het) | romdrakt (m/f) | ['rʊmˌdrɑkt] |
| | | |
| gewichtloosheid (de) | vektløshet (m/f) | ['vɛktløsˌhet] |
| zuurstof (de) | oksygen (n) | ['ɔksy'gen] |
| | | |
| koppeling (de) | dokking (m/f) | ['dɔkiŋ] |
| koppeling maken | å dokke | [ɔ 'dɔkə] |
| | | |
| observatorium (het) | observatorium (n) | [ɔbsərvɑ'tʊrium] |
| telescoop (de) | teleskop (n) | [tele'skʊp] |
| waarnemen (ww) | å observere | [ɔ ɔbsɛr'verə] |
| exploreren (ww) | å utforske | [ɔ 'ʉtˌføşkə] |

## 123. De Aarde

| | | |
|---|---|---|
| Aarde (de) | Jorden | ['juːrən] |
| aardbol (de) | jordklode (m) | ['juːrˌklɔdə] |
| planeet (de) | planet (m) | [plɑ'net] |
| | | |
| atmosfeer (de) | atmosfære (m) | [atmʊ'sfærə] |
| aardrijkskunde (de) | geografi (m) | [geʊgrɑ'fi] |
| natuur (de) | natur (m) | [nɑ'tʉr] |
| | | |
| wereldbol (de) | globus (m) | ['glɔbʉs] |
| kaart (de) | kart (n) | ['kɑːt] |
| atlas (de) | atlas (n) | ['atlɑs] |
| | | |
| Europa (het) | Europa | [ɛʉ'rʊpɑ] |
| Azië (het) | Asia | ['ɑsiɑ] |
| | | |
| Afrika (het) | Afrika | ['ɑfrikɑ] |
| Australië (het) | Australia | [aʊ'strɑliɑ] |
| | | |
| Amerika (het) | Amerika | [ɑ'merikɑ] |
| Noord-Amerika (het) | Nord-Amerika | ['nʊːr ɑ'merikɑ] |
| Zuid-Amerika (het) | Sør-Amerika | ['sør ɑ'merikɑ] |
| | | |
| Antarctica (het) | Antarktis | [ɑn'tɑrktis] |
| Arctis (de) | Arktis | ['ɑrktis] |

## 124. Windrichtingen

| | | |
|---|---|---|
| noorden (het) | nord (n) | ['nuːr] |
| naar het noorden | mot nord | [mʊt 'nuːr] |
| in het noorden | i nord | [i 'nuːr] |
| noordelijk (bn) | nordlig | ['nuːrli] |
| zuiden (het) | syd, sør | ['syd], ['sør] |
| naar het zuiden | mot sør | [mʊt 'sør] |
| in het zuiden | i sør | [i 'sør] |
| zuidelijk (bn) | sydlig, sørlig | ['sydli], ['søːli] |
| westen (het) | vest (m) | ['vɛst] |
| naar het westen | mot vest | [mʊt 'vɛst] |
| in het westen | i vest | [i 'vɛst] |
| westelijk (bn) | vestlig, vest- | ['vɛstli] |
| oosten (het) | øst (m) | ['øst] |
| naar het oosten | mot øst | [mʊt 'øst] |
| in het oosten | i øst | [i 'øst] |
| oostelijk (bn) | østlig | ['østli] |

## 125. Zee. Oceaan

| | | |
|---|---|---|
| zee (de) | hav (n) | ['hɑv] |
| oceaan (de) | verdenshav (n) | [værdens'hɑv] |
| golf (baai) | bukt (m/f) | ['bʉkt] |
| straat (de) | sund (n) | ['sʉn] |
| grond (vaste grond) | fastland (n) | ['fast‚lɑn] |
| continent (het) | fastland, kontinent (n) | ['fast‚lɑn], [kʊnti'nɛnt] |
| eiland (het) | øy (m/f) | ['øj] |
| schiereiland (het) | halvøy (m/f) | ['hɑl‚øːj] |
| archipel (de) | skjærgård (m), arkipelag (n) | ['şær‚gɔr], [ɑrkipe'lɑg] |
| baai, bocht (de) | bukt (m/f) | ['bʉkt] |
| haven (de) | havn (m/f) | ['hɑvn] |
| lagune (de) | lagune (m) | [lɑ'gʉnə] |
| kaap (de) | nes (n), kapp (n) | ['nes], ['kɑp] |
| atol (de) | atoll (m) | [ɑ'tɔl] |
| rif (het) | rev (n) | ['rev] |
| koraal (het) | korall (m) | [kʊ'rɑl] |
| koraalrif (het) | korallrev (n) | [kʊ'rɑl‚rɛv] |
| diep (bn) | dyp | ['dyp] |
| diepte (de) | dybde (m) | ['dʏbdə] |
| diepzee (de) | avgrunn (m) | ['ɑv‚grʉn] |
| trog (bijv. Marianentrog) | dyphavsgrop (m/f) | ['dyphɑfs‚grɔp] |
| stroming (de) | strøm (m) | ['strøm] |
| omspoelen (ww) | å omgi | [ɔ 'ɔmˌji] |
| oever (de) | kyst (m) | ['çyst] |

| kust (de) | kyst (m) | ['çyst] |
| vloed (de) | flo (m/f) | ['flu] |
| eb (de) | ebbe (m), fjære (m/f) | ['ɛbə], ['fjæːrə] |
| ondiepte (ondiep water) | sandbanke (m) | ['san,bankə] |
| bodem (de) | bunn (m) | ['bʉn] |

| golf (hoge ~) | bølge (m) | ['bølgə] |
| golfkam (de) | bølgekam (m) | ['bølgə,kam] |
| schuim (het) | skum (n) | ['skʉm] |

| storm (de) | storm (m) | ['stɔrm] |
| orkaan (de) | orkan (m) | [ɔr'kan] |
| tsunami (de) | tsunami (m) | [tsʉ'nɑmi] |
| windstilte (de) | stille (m/f) | ['stilə] |
| kalm (bijv. ~e zee) | stille | ['stilə] |

| pool (de) | pol (m) | ['pʊl] |
| polair (bn) | pol-, polar | ['pʊl-], [pʊ'lɑr] |

| breedtegraad (de) | bredde, latitude (m) | ['brɛdə], ['lɑti,tʉdə] |
| lengtegraad (de) | lengde (m/f) | ['leŋdə] |
| parallel (de) | breddegrad (m) | ['brɛdə,grad] |
| evenaar (de) | ekvator (m) | [ɛ'kvɑtʊr] |

| hemel (de) | himmel (m) | ['himəl] |
| horizon (de) | horisont (m) | [hʊri'sɔnt] |
| lucht (de) | luft (f) | ['lʉft] |

| vuurtoren (de) | fyr (n) | ['fyr] |
| duiken (ww) | å dykke | [ɔ 'dʏkə] |
| zinken (ov. een boot) | å synke | [ɔ 'sʏnkə] |
| schatten (mv.) | skatter (m pl) | ['skatər] |

## 126. Namen van zeeën en oceanen

| Atlantische Oceaan (de) | Atlanterhavet | [at'lantər,have] |
| Indische Oceaan (de) | Indiahavet | ['india,have] |
| Stille Oceaan (de) | Stillehavet | ['stilə,have] |
| Noordelijke IJszee (de) | Polhavet | ['pɔl,have] |

| Zwarte Zee (de) | Svartehavet | ['sva:tə,have] |
| Rode Zee (de) | Rødehavet | ['rødə,have] |
| Gele Zee (de) | Gulehavet | ['gʉlə,have] |
| Witte Zee (de) | Kvitsjøen, Hvitehavet | ['kvit,søːn], ['vit,have] |

| Kaspische Zee (de) | Kaspihavet | ['kaspi,have] |
| Dode Zee (de) | Dødehavet | ['dødə'have] |
| Middellandse Zee (de) | Middelhavet | ['midəl,have] |

| Egeïsche Zee (de) | Egeerhavet | [ɛ'geːər,have] |
| Adriatische Zee (de) | Adriahavet | ['adria,have] |

| Arabische Zee (de) | Arabiahavet | [a'rabia,have] |
| Japanse Zee (de) | Japanhavet | ['japan,have] |

| | | |
|---|---|---|
| Beringzee (de) | **Beringhavet** | ['beriŋˌhɑve] |
| Zuid-Chinese Zee (de) | **Sør-Kina-havet** | ['sørˌçinɑ 'hɑve] |
| | | |
| Koraalzee (de) | **Korallhavet** | [kʊ'rɑlˌhɑve] |
| Tasmanzee (de) | **Tasmanhavet** | [tɑs'mɑnˌhɑve] |
| Caribische Zee (de) | **Karibhavet** | [kɑ'ribˌhɑve] |
| | | |
| Barentszzee (de) | **Barentshavet** | ['bɑrɛnsˌhɑve] |
| Karische Zee (de) | **Karahavet** | ['kɑrɑˌhɑve] |
| | | |
| Noordzee (de) | **Nordsjøen** | ['nʊːrˌʂøːn] |
| Baltische Zee (de) | **Østersjøen** | ['østeˌʂøːn] |
| Noorse Zee (de) | **Norskehavet** | ['nɔʂkeˌhɑve] |

## 127. Bergen

| | | |
|---|---|---|
| berg (de) | **fjell** (n) | ['fjɛl] |
| bergketen (de) | **fjellkjede** (m) | ['fjɛlˌçɛːdə] |
| gebergte (het) | **fjellrygg** (m) | ['fjɛlˌrʏg] |
| | | |
| bergtop (de) | **topp** (m) | ['tɔp] |
| bergpiek (de) | **tind** (m) | ['tin] |
| voet (ov. de berg) | **fot** (m) | ['fʊt] |
| helling (de) | **skråning** (m) | ['skrɔniŋ] |
| | | |
| vulkaan (de) | **vulkan** (m) | [vʉl'kɑn] |
| actieve vulkaan (de) | **virksom vulkan** (m) | ['virksɔm vʉl'kɑn] |
| uitgedoofde vulkaan (de) | **utslukt vulkan** (m) | ['ʉtˌʂlʉkt vʉl'kɑn] |
| | | |
| uitbarsting (de) | **utbrudd** (n) | ['ʉtˌbrʉd] |
| krater (de) | **krater** (n) | ['krɑtər] |
| magma (het) | **magma** (m/n) | ['mɑgmɑ] |
| lava (de) | **lava** (m) | ['lɑvɑ] |
| gloeiend (~e lava) | **glødende** | ['glødenə] |
| | | |
| kloof (canyon) | **canyon** (m) | ['kɑnjən] |
| bergkloof (de) | **gjel** (n), **kløft** (m) | ['jel], ['klœft] |
| spleet (de) | **renne** (m/f) | ['rɛnə] |
| afgrond (de) | **avgrunn** (m) | ['ɑvˌgrʉn] |
| | | |
| bergpas (de) | **pass** (n) | ['pɑs] |
| plateau (het) | **platå** (n) | [plɑ'to] |
| klip (de) | **klippe** (m) | ['klipə] |
| heuvel (de) | **ås** (m) | ['ɔs] |
| | | |
| gletsjer (de) | **bre, jøkel** (m) | ['bre], ['jøkəl] |
| waterval (de) | **foss** (m) | ['fɔs] |
| geiser (de) | **geysir** (m) | ['gɛjsir] |
| meer (het) | **innsjø** (m) | ['in'ʂø] |
| | | |
| vlakte (de) | **slette** (m/f) | ['ʂletə] |
| landschap (het) | **landskap** (n) | ['lɑnˌskɑp] |
| echo (de) | **ekko** (n) | ['ɛkʊ] |
| alpinist (de) | **alpinist** (m) | [ɑlpi'nist] |

| bergbeklimmer (de) | fjellklatrer (m) | ['fjɛlˌklatrər] |
| trotseren (berg ~) | å erobre | [ɔ ɛ'rʉbrə] |
| beklimming (de) | bestigning (m/f) | [be'stigniŋ] |

## 128. Bergen namen

| Alpen (de) | Alpene | ['alpenə] |
| Mont Blanc (de) | Mont Blanc | [ˌmɔn'blan] |
| Pyreneeën (de) | Pyreneene | [pyre'ne:ənə] |

| Karpaten (de) | Karpatene | [kar'patenə] |
| Oeralgebergte (het) | Uralfjellene | [ʉ'ral ˌfjɛlenə] |
| Kaukasus (de) | Kaukasus | ['kaʉkasʉs] |
| Elbroes (de) | Elbrus | [ɛl'brʉs] |

| Altaj (de) | Altaj | [al'taj] |
| Tiensjan (de) | Tien Shan | [ti'enˌʂan] |
| Pamir (de) | Pamir | [pa'mir] |
| Himalaya (de) | Himalaya | [hima'laja] |
| Everest (de) | Everest | ['ɛve'rɛst] |

| Andes (de) | Andes | ['andəs] |
| Kilimanjaro (de) | Kilimanjaro | [kiliman'dʂarʉ] |

## 129. Rivieren

| rivier (de) | elv (m/f) | ['ɛlv] |
| bron (~ van een rivier) | kilde (m) | ['çildə] |
| rivierbedding (de) | elveleie (n) | ['ɛlvəˌlæje] |
| rivierbekken (het) | flodbasseng (n) | ['flʉd baˌseŋ] |
| uitmonden in ... | å munne ut ... | [ɔ 'mʉnə ʉt ...] |

| zijrivier (de) | bielv (m/f) | ['biˌelv] |
| oever (de) | bredd (m) | ['brɛd] |

| stroming (de) | strøm (m) | ['strøm] |
| stroomafwaarts (bw) | medstrøms | ['meˌstrøms] |
| stroomopwaarts (bw) | motstrøms | ['mʉtˌstrøms] |

| overstroming (de) | oversvømmelse (m) | ['ɔvəˌsvœməlsə] |
| overstroming (de) | flom (m) | ['flɔm] |
| buiten zijn oevers treden | å overflø | [ɔ 'ɔvərˌflø] |
| overstromen (ww) | å oversvømme | [ɔ 'ɔvəˌsvœmə] |

| zandbank (de) | grunne (m/f) | ['grʉnə] |
| stroomversnelling (de) | stryk (m/n) | ['stryk] |

| dam (de) | demning (m) | ['dɛmniŋ] |
| kanaal (het) | kanal (m) | [ka'nal] |
| spaarbekken (het) | reservoar (n) | [resɛrvʉ'ar] |
| sluis (de) | sluse (m) | ['ʂlʉsə] |
| waterlichaam (het) | vannmasse (m) | ['vanˌmasə] |

| | | |
|---|---|---|
| moeras (het) | **myr, sump** (m) | ['myr], ['sʉmp] |
| broek (het) | **hengemyr** (m) | ['hɛŋə‚myr] |
| draaikolk (de) | **virvel** (m) | ['virvəl] |

| | | |
|---|---|---|
| stroom (de) | **bekk** (m) | ['bɛk] |
| drink- (abn) | **drikke-** | ['drikə-] |
| zoet (~ water) | **fersk-** | ['fæʂk-] |

| | | |
|---|---|---|
| IJs (het) | **is** (m) | ['is] |
| bevriezen (rivier, enz.) | **å fryse til** | [ɔ 'frysə til] |

## 130. Namen van rivieren

| | | |
|---|---|---|
| Seine (de) | **Seine** | ['sɛ:n] |
| Loire (de) | **Loire** | [lu'a:r] |

| | | |
|---|---|---|
| Theems (de) | **Themsen** | ['tɛmsən] |
| Rijn (de) | **Rhinen** | ['ri:nən] |
| Donau (de) | **Donau** | ['dɔnaʊ] |

| | | |
|---|---|---|
| Wolga (de) | **Volga** | ['vɔlga] |
| Don (de) | **Don** | ['dɔn] |
| Lena (de) | **Lena** | ['lena] |

| | | |
|---|---|---|
| Gele Rivier (de) | **Huang He** | [‚hwan'hɛ] |
| Blauwe Rivier (de) | **Yangtze** | ['jaɳtse] |
| Mekong (de) | **Mekong** | [me'kɔŋ] |
| Ganges (de) | **Ganges** | ['gaɳes] |

| | | |
|---|---|---|
| Nijl (de) | **Nilen** | ['nilən] |
| Kongo (de) | **Kongo** | ['kɔngʊ] |
| Okavango (de) | **Okavango** | [ʊka'vangʊ] |
| Zambezi (de) | **Zambezi** | [sam'besi] |
| Limpopo (de) | **Limpopo** | [limpɔ'pɔ] |
| Mississippi (de) | **Mississippi** | ['misi'sipi] |

## 131. Bos

| | | |
|---|---|---|
| bos (het) | **skog** (m) | ['skʊg] |
| bos- (abn) | **skog-** | ['skʊg-] |

| | | |
|---|---|---|
| oerwoud (dicht bos) | **tett skog** (n) | ['tɛt ‚skʊg] |
| bosje (klein bos) | **lund** (m) | ['lʉn] |
| open plek (de) | **glenne** (m/f) | ['glenə] |

| | | |
|---|---|---|
| struikgewas (het) | **krattskog** (m) | ['krat‚skʊg] |
| struiken (mv.) | **kratt** (n) | ['krat] |

| | | |
|---|---|---|
| paadje (het) | **sti** (m) | ['sti] |
| ravijn (het) | **ravine** (m) | [ra'vinə] |
| boom (de) | **tre** (n) | ['trɛ] |
| blad (het) | **blad** (n) | ['bla] |

| | | |
|---|---|---|
| gebladerte (het) | løv (n) | ['løv] |
| vallende bladeren (mv.) | løvfall (n) | ['løv͵fɑl] |
| vallen (ov. de bladeren) | å falle | [ɔ 'fɑlə] |
| boomtop (de) | tretopp (m) | ['trɛ͵tɔp] |

| | | |
|---|---|---|
| tak (de) | kvist, gren (m) | ['kvist], ['gren] |
| ent (de) | gren, grein (m/f) | ['gren], ['græjn] |
| knop (de) | knopp (m) | ['knɔp] |
| naald (de) | nål (m/f) | ['nɔl] |
| dennenappel (de) | kongle (m/f) | ['kuŋlə] |

| | | |
|---|---|---|
| boom holte (de) | trehull (n) | ['trɛ͵hʉl] |
| nest (het) | reir (n) | ['ræjr] |
| hol (het) | hule (m/f) | ['hʉlə] |

| | | |
|---|---|---|
| stam (de) | stamme (m) | ['stɑmə] |
| wortel (bijv. boom~s) | rot (m/f) | ['rut] |
| schors (de) | bark (m) | ['bɑrk] |
| mos (het) | mose (m) | ['mʉsə] |

| | | |
|---|---|---|
| ontwortelen (een boom) | å rykke opp med roten | [ɔ 'rʏkə ɔp me 'rutən] |
| kappen (een boom ~) | å felle | [ɔ 'fɛlə] |
| ontbossen (ww) | å hogge ned | [ɔ 'hɔgə 'ne] |
| stronk (de) | stubbe (m) | ['stʉbə] |

| | | |
|---|---|---|
| kampvuur (het) | bål (n) | ['bɔl] |
| bosbrand (de) | skogbrann (m) | ['skug͵brɑn] |
| blussen (ww) | å slokke | [ɔ 'ʂløkə] |

| | | |
|---|---|---|
| boswachter (de) | skogvokter (m) | ['skug͵vɔktər] |
| bescherming (de) | vern (n), beskyttelse (m) | ['væ:ɳ], ['be'ʂytəlsə] |
| beschermen (bijv. de natuur ~) | å beskytte | [ɔ be'ʂytə] |
| stroper (de) | tyvskytter (m) | ['tyf͵ʂytər] |
| val (de) | saks (m/f) | ['sɑks] |

| | | |
|---|---|---|
| plukken (vruchten, enz.) | å plukke | [ɔ 'plʉkə] |
| verdwalen (de weg kwijt zijn) | å gå seg vill | [ɔ 'gɔ sæj 'vil] |

## 132. Natuurlijke hulpbronnen

| | | |
|---|---|---|
| natuurlijke rijkdommen (mv.) | naturressurser (m pl) | [nɑ'tʉr rɛ'sʉʂər] |
| delfstoffen (mv.) | mineraler (n pl) | [mine'rɑlər] |
| lagen (mv.) | forekomster (m pl) | ['fɔrə͵kɔmstər] |
| veld (bijv. olie~) | felt (m) | ['fɛlt] |

| | | |
|---|---|---|
| winnen (uit erts ~) | å utvinne | [ɔ 'ʉt͵vinə] |
| winning (de) | utvinning (m/f) | ['ʉt͵viniŋ] |
| erts (het) | malm (m) | ['mɑlm] |
| mijn (bijv. kolenmijn) | gruve (m/f) | ['grʉvə] |
| mijnschacht (de) | gruvesjakt (m/f) | ['grʉvə͵ʂɑkt] |
| mijnwerker (de) | gruvearbeider (m) | ['grʉvə'ɑr͵bæjdər] |
| gas (het) | gass (m) | ['gɑs] |
| gasleiding (de) | gassledning (m) | ['gɑs͵ledniŋ] |

| olie (aardolie) | olje (m) | ['ɔljə] |
| olieleiding (de) | oljeledning (m) | ['ɔljəˌledniŋ] |
| oliebron (de) | oljebrønn (m) | ['ɔljəˌbrœn] |
| boortoren (de) | boretårn (n) | ['boːrəˌtoːŋ] |
| tanker (de) | tankskip (n) | ['tɑnkˌʂip] |

| zand (het) | sand (m) | ['sɑn] |
| kalksteen (de) | kalkstein (m) | ['kɑlkˌstæjn] |
| grind (het) | grus (m) | ['grʉs] |
| veen (het) | torv (m/f) | ['tɔrv] |
| klei (de) | leir (n) | ['læjr] |
| steenkool (de) | kull (n) | ['kʉl] |

| IJzer (het) | jern (n) | ['jæːŋ] |
| goud (het) | gull (n) | ['gʉl] |
| zilver (het) | sølv (n) | ['søl] |
| nikkel (het) | nikkel (m) | ['nikəl] |
| koper (het) | kobber (n) | ['kɔbər] |

| zink (het) | sink (m/n) | ['sink] |
| mangaan (het) | mangan (m/n) | [mɑ'ŋɑn] |
| kwik (het) | kvikksølv (n) | ['kvikˌsøl] |
| lood (het) | bly (n) | ['bly] |

| mineraal (het) | mineral (n) | [minə'rɑl] |
| kristal (het) | krystall (m/n) | [kry'stɑl] |
| marmer (het) | marmor (m/n) | ['mɑrmʊr] |
| uraan (het) | uran (m/n) | [ʉ'rɑn] |

# De Aarde. Deel 2

## 133. Weer

| | | |
|---|---|---|
| weer (het) | vær (n) | ['vær] |
| weersvoorspelling (de) | værvarsel (n) | ['vær͵vaʂəl] |
| temperatuur (de) | temperatur (m) | [tɛmpəra'tʉr] |
| thermometer (de) | termometer (n) | [tɛrmʉ'metər] |
| barometer (de) | barometer (n) | [barʉ'metər] |
| vochtig (bn) | fuktig | ['fʉkti] |
| vochtigheid (de) | fuktighet (m) | ['fʉkti͵het] |
| hitte (de) | hete (m) | ['he:tə] |
| heet (bn) | het | ['het] |
| het is heet | det er hett | [de ær 'het] |
| het is warm | det er varmt | [de ær 'varmt] |
| warm (bn) | varm | ['varm] |
| het is koud | det er kaldt | [de ær 'kalt] |
| koud (bn) | kald | ['kal] |
| zon (de) | sol (m/f) | ['sʉl] |
| schijnen (de zon) | å skinne | [ɔ 'ʂinə] |
| zonnig (~e dag) | solrik | ['sʉl͵rik] |
| opgaan (ov. de zon) | å gå opp | [ɔ 'gɔ ɔp] |
| ondergaan (ww) | å gå ned | [ɔ 'gɔ ne] |
| wolk (de) | sky (m) | ['ʂy] |
| bewolkt (bn) | skyet | ['ʂy:ət] |
| regenwolk (de) | regnsky (m/f) | ['ræjn͵ʂy] |
| somber (bn) | mørk | ['mœrk] |
| regen (de) | regn (n) | ['ræjn] |
| het regent | det regner | [de 'ræjnər] |
| regenachtig (bn) | regnværs- | ['ræjn͵væʂ-] |
| motregenen (ww) | å småregne | [ɔ 'smo:ræjnə] |
| plensbui (de) | piskende regn (n) | ['piskenə ͵ræjn] |
| stortbui (de) | styrtregn (n) | ['sty:t͵ræjn] |
| hard (bn) | kraftig, sterk | ['krafti], ['stærk] |
| plas (de) | vannpytt (m) | ['van͵pyt] |
| nat worden (ww) | å bli våt | [ɔ 'bli 'vɔt] |
| mist (de) | tåke (m/f) | ['to:kə] |
| mistig (bn) | tåke | ['to:kə] |
| sneeuw (de) | snø (m) | ['snø] |
| het sneeuwt | det snør | [de 'snør] |

## 134. Zwaar weer. Natuurrampen

| | | |
|---|---|---|
| noodweer (storm) | tordenvær (n) | ['turdən‚vær] |
| bliksem (de) | lyn (n) | ['lyn] |
| flitsen (ww) | å glimte | [ɔ 'glimtə] |
| | | |
| donder (de) | torden (m) | ['turdən] |
| donderen (ww) | å tordne | [ɔ 'turdnə] |
| het dondert | det tordner | [de 'turdnər] |
| | | |
| hagel (de) | hagle (m/f) | ['haglə] |
| het hagelt | det hagler | [de 'haglər] |
| | | |
| overstromen (ww) | å oversvømme | [ɔ 'ɔvə‚svœmə] |
| overstroming (de) | oversvømmelse (m) | ['ɔvə‚svœməlsə] |
| | | |
| aardbeving (de) | jordskjelv (n) | ['ju:r‚ṣɛlv] |
| aardschok (de) | skjelv (n) | ['ṣɛlv] |
| epicentrum (het) | episenter (n) | [ɛpi'sɛntər] |
| | | |
| uitbarsting (de) | utbrudd (n) | ['ʉt‚brʉd] |
| lava (de) | lava (m) | ['lavɑ] |
| | | |
| wervelwind (de) | skypumpe (m/f) | ['ṣy‚pʉmpə] |
| windhoos (de) | tornado (m) | [tʉ:'ṇadʉ] |
| tyfoon (de) | tyfon (m) | [ty'fʉn] |
| | | |
| orkaan (de) | orkan (m) | [ɔr'kɑn] |
| storm (de) | storm (m) | ['stɔrm] |
| tsunami (de) | tsunami (m) | [tsʉ'nɑmi] |
| | | |
| cycloon (de) | syklon (m) | [sy'klun] |
| onweer (het) | uvær (n) | ['ʉ:‚vær] |
| brand (de) | brann (m) | ['brɑn] |
| ramp (de) | katastrofe (m) | [kɑtɑ'strɔfə] |
| meteoriet (de) | meteoritt (m) | [metéʉ'rit] |
| | | |
| lawine (de) | lavine (m) | [lɑ'vinə] |
| sneeuwverschuiving (de) | snøskred, snøras (n) | ['snø‚skred], ['snørɑs] |
| sneeuwjacht (de) | snøstorm (m) | ['snø‚stɔrm] |
| sneeuwstorm (de) | snøstorm (m) | ['snø‚stɔrm] |

# Fauna

## 135. Zoogdieren. Roofdieren

| | | |
|---|---|---|
| roofdier (het) | **rovdyr** (n) | ['rɔv‚dyr] |
| tijger (de) | **tiger** (m) | ['tigər] |
| leeuw (de) | **løve** (m/f) | ['løve] |
| wolf (de) | **ulv** (m) | ['ʉlv] |
| vos (de) | **rev** (m) | ['rev] |
| | | |
| jaguar (de) | **jaguar** (m) | [jagʉ'ɑr] |
| luipaard (de) | **leopard** (m) | [leʉ'pɑrd] |
| jachtluipaard (de) | **gepard** (m) | [ge'pɑrd] |
| | | |
| panter (de) | **panter** (m) | ['pɑntər] |
| poema (de) | **puma** (m) | ['pʉma] |
| sneeuwluipaard (de) | **snøleopard** (m) | ['snø leʉ'pɑrd] |
| lynx (de) | **gaupe** (m/f) | ['gaʉpə] |
| | | |
| coyote (de) | **coyote, prærieulv** (m) | [kɔ'jotə], ['præri‚ʉlv] |
| jakhals (de) | **sjakal** (m) | [ʂa'kɑl] |
| hyena (de) | **hyene** (m) | [hy'enə] |

## 136. Wilde dieren

| | | |
|---|---|---|
| dier (het) | **dyr** (n) | ['dyr] |
| beest (het) | **best, udyr** (n) | ['bɛst], ['ʉ‚dyr] |
| | | |
| eekhoorn (de) | **ekorn** (n) | ['ɛkʉːn] |
| egel (de) | **pinnsvin** (n) | ['pin‚svin] |
| haas (de) | **hare** (m) | ['harə] |
| konijn (het) | **kanin** (m) | [ka'nin] |
| | | |
| das (de) | **grevling** (m) | ['grɛvliŋ] |
| wasbeer (de) | **vaskebjørn** (m) | ['vaskə‚bjœːn] |
| hamster (de) | **hamster** (m) | ['hamstər] |
| marmot (de) | **murmeldyr** (n) | ['mʉrməl‚dyr] |
| | | |
| mol (de) | **muldvarp** (m) | ['mʉl‚varp] |
| muis (de) | **mus** (m/f) | ['mʉs] |
| rat (de) | **rotte** (m/f) | ['rɔtə] |
| vleermuis (de) | **flaggermus** (m/f) | ['flagər‚mʉs] |
| | | |
| hermelijn (de) | **røyskatt** (m) | ['røjskat] |
| sabeldier (het) | **sobel** (m) | ['sʉbəl] |
| marter (de) | **mår** (m) | ['mɔr] |
| wezel (de) | **snømus** (m/f) | ['snø‚mʉs] |
| nerts (de) | **mink** (m) | ['mink] |

| | | |
|---|---|---|
| bever (de) | bever (m) | ['bevər] |
| otter (de) | oter (m) | ['ʊtər] |

| | | |
|---|---|---|
| paard (het) | hest (m) | ['hɛst] |
| eland (de) | elg (m) | ['ɛlg] |
| hert (het) | hjort (m) | ['jɔ:t] |
| kameel (de) | kamel (m) | [ka'mel] |

| | | |
|---|---|---|
| bizon (de) | bison (m) | ['bisɔn] |
| oeros (de) | urokse (m) | ['ʊr,ʊksə] |
| buffel (de) | bøffel (m) | ['bøfəl] |

| | | |
|---|---|---|
| zebra (de) | sebra (m) | ['sebra] |
| antilope (de) | antilope (m) | [anti'lʊpə] |
| ree (de) | rådyr (n) | ['rɔ,dyr] |
| damhert (het) | dåhjort, dådyr (n) | ['dɔ,jɔ:t], ['dɔ,dyr] |
| gems (de) | gemse (m) | ['gɛmsə] |
| everzwijn (het) | villsvin (n) | ['vil,svin] |

| | | |
|---|---|---|
| walvis (de) | hval (m) | ['val] |
| rob (de) | sel (m) | ['sel] |
| walrus (de) | hvalross (m) | ['val,rɔs] |
| zeehond (de) | pelssel (m) | ['pɛls,sel] |
| dolfijn (de) | delfin (m) | [dɛl'fin] |

| | | |
|---|---|---|
| beer (de) | bjørn (m) | ['bjœ:ɳ] |
| IJsbeer (de) | isbjørn (m) | ['is,bjœ:ɳ] |
| panda (de) | panda (m) | ['panda] |

| | | |
|---|---|---|
| aap (de) | ape (m/f) | ['ape] |
| chimpansee (de) | sjimpanse (m) | [ʂim'pansə] |
| orang-oetan (de) | orangutang (m) | [ʊ'raŋgʉ,taŋ] |
| gorilla (de) | gorilla (m) | [gɔ'rila] |
| makaak (de) | makak (m) | [ma'kak] |
| gibbon (de) | gibbon (m) | ['gibʊn] |

| | | |
|---|---|---|
| olifant (de) | elefant (m) | [ɛle'fant] |
| neushoorn (de) | neshorn (n) | ['nes,hʊ:ɳ] |
| giraffe (de) | sjiraff (m) | [ʂi'raf] |
| nijlpaard (het) | flodhest (m) | ['flʊd,hɛst] |

| | | |
|---|---|---|
| kangoeroe (de) | kenguru (m) | ['kɛŋgʉrʉ] |
| koala (de) | koala (m) | [kʉ'ala] |

| | | |
|---|---|---|
| mangoest (de) | mangust, mungo (m) | [maŋ'gʉst], ['mʉngu] |
| chinchilla (de) | chinchilla (m) | [ʂin'ʂila] |
| stinkdier (het) | skunk (m) | ['skunk] |
| stekelvarken (het) | hulepinnsvin (n) | ['hʉlə,pinsvin] |

## 137. Huisdieren

| | | |
|---|---|---|
| poes (de) | katt (m) | ['kat] |
| kater (de) | hannkatt (m) | ['han,kat] |
| hond (de) | hund (m) | ['hʉɳ] |

| paard (het) | hest (m) | ['hɛst] |
| hengst (de) | hingst (m) | ['hiŋst] |
| merrie (de) | hoppe, merr (m/f) | ['hɔpə], ['mɛr] |

| koe (de) | ku (f) | ['kʉ] |
| stier (de) | tyr (m) | ['tyr] |
| os (de) | okse (m) | ['ɔksə] |

| schaap (het) | sau (m) | ['saʉ] |
| ram (de) | vær, saubukk (m) | ['vær], ['saʉˌbʉk] |
| geit (de) | geit (m/f) | ['jæjt] |
| bok (de) | geitebukk (m) | ['jæjtəˌbʉk] |

| ezel (de) | esel (n) | ['ɛsəl] |
| muilezel (de) | muldyr (n) | ['mʉlˌdyr] |

| varken (het) | svin (n) | ['svin] |
| biggetje (het) | gris (m) | ['gris] |
| konijn (het) | kanin (m) | [ka'nin] |

| kip (de) | høne (m/f) | ['hønə] |
| haan (de) | hane (m) | ['hanə] |

| eend (de) | and (m/f) | ['an] |
| woerd (de) | andrik (m) | ['andrik] |
| gans (de) | gås (m/f) | ['gɔs] |

| kalkoen haan (de) | kalkunhane (m) | [kal'kʉnˌhanə] |
| kalkoen (de) | kalkunhøne (m/f) | [kal'kʉnˌhønə] |

| huisdieren (mv.) | husdyr (n pl) | ['hʉsˌdyr] |
| tam (bijv. hamster) | tam | ['tam] |
| temmen (tam maken) | å temme | [ɔ 'tɛmə] |
| fokken (bijv. paarden ~) | å avle, å oppdrette | [ɔ 'avlə], [ɔ 'ɔpˌdrɛtə] |

| boerderij (de) | farm, gård (m) | ['farm], ['gɔːr] |
| gevogelte (het) | fjærfe (n) | ['fjærˌfɛ] |
| rundvee (het) | kveg (n) | ['kvɛg] |
| kudde (de) | flokk, bøling (m) | ['flɔk], ['bøliŋ] |

| paardenstal (de) | stall (m) | ['stal] |
| zwijnenstal (de) | grisehus (n) | ['grisəˌhʉs] |
| koeienstal (de) | kufjøs (m/n) | ['kuˌfjøs] |
| konijnenhok (het) | kaninbur (n) | [ka'ninˌbʉr] |
| kippenhok (het) | hønsehus (n) | ['hønsəˌhʉs] |

## 138. Vogels

| vogel (de) | fugl (m) | ['fʉl] |
| duif (de) | due (m/f) | ['dʉə] |
| mus (de) | spurv (m) | ['spʉrv] |
| koolmees (de) | kjøttmeis (m/f) | ['çœtˌmæjs] |
| ekster (de) | skjære (m/f) | ['şærə] |
| raaf (de) | ravn (m) | ['ravn] |

| kraai (de) | kråke (m) | ['kro:kə] |
| kauw (de) | kaie (m/f) | ['kajə] |
| roek (de) | kornkråke (m/f) | ['kuːn̩kro:kə] |

| eend (de) | and (m/f) | ['ɑn] |
| gans (de) | gås (m/f) | ['gɔs] |
| fazant (de) | fasan (m) | [fa'sɑn] |

| arend (de) | ørn (m/f) | ['œ:n̩] |
| havik (de) | hauk (m) | ['haʊk] |
| valk (de) | falk (m) | ['fɑlk] |
| gier (de) | gribb (m) | ['grib] |
| condor (de) | kondor (m) | [kʊn'dʊr] |

| zwaan (de) | svane (m/f) | ['svɑnə] |
| kraanvogel (de) | trane (m/f) | ['trɑnə] |
| ooievaar (de) | stork (m) | ['stɔrk] |

| papegaai (de) | papegøye (m) | [pape'gøjə] |
| kolibrie (de) | kolibri (m) | [kʊ'libri] |
| pauw (de) | påfugl (m) | ['pɔˌfʉl] |

| struisvogel (de) | struts (m) | ['strʉts] |
| reiger (de) | hegre (m) | ['hæjrə] |
| flamingo (de) | flamingo (m) | [fla'mingʊ] |
| pelikaan (de) | pelikan (m) | [peli'kɑn] |

| nachtegaal (de) | nattergal (m) | ['nɑtərˌgɑl] |
| zwaluw (de) | svale (m/f) | ['svɑlə] |

| lijster (de) | trost (m) | ['trʊst] |
| zanglijster (de) | måltrost (m) | ['mo:lˌtrʊst] |
| merel (de) | svarttrost (m) | ['svɑ:ˌtrʊst] |

| gierzwaluw (de) | tårnseiler (m), tårnsvale (m/f) | ['tɔːn̩sæjlə], ['tɔːn̩svɑlə] |
| leeuwerik (de) | lerke (m/f) | ['lærkə] |
| kwartel (de) | vaktel (m) | ['vɑktəl] |

| specht (de) | hakkespett (m) | ['hɑkəˌspɛt] |
| koekoek (de) | gjøk, gauk (m) | ['jøk], ['gaʊk] |
| uil (de) | ugle (m/f) | ['ʉglə] |
| oehoe (de) | hubro (m) | ['hʉbrʊ] |
| auerhoen (het) | storfugl (m) | ['stʊrˌfʉl] |
| korhoen (het) | orrfugl (m) | ['ɔrˌfʉl] |
| patrijs (de) | rapphøne (m/f) | ['rɑpˌhønə] |

| spreeuw (de) | stær (m) | ['stær] |
| kanarie (de) | kanarifugl (m) | [kɑ'nɑriˌfʉl] |
| hazelhoen (het) | jerpe (m/f) | ['jærpə] |

| vink (de) | bokfink (m) | ['bʊkˌfink] |
| goudvink (de) | dompap (m) | ['dʊmpɑp] |

| meeuw (de) | måke (m/f) | ['mo:kə] |
| albatros (de) | albatross (m) | ['ɑlbɑˌtrɔs] |
| pinguïn (de) | pingvin (m) | [piŋ'vin] |

## 139. Vis. Zeedieren

| brasem (de) | brasme (m/f) | ['brɑsmə] |
|---|---|---|
| karper (de) | karpe (m) | ['kɑrpə] |
| baars (de) | åbor (m) | ['obɔr] |
| meerval (de) | malle (m) | ['malə] |
| snoek (de) | gjedde (m/f) | ['jɛdə] |

| zalm (de) | laks (m) | ['lɑks] |
|---|---|---|
| steur (de) | stør (m) | ['stør] |

| haring (de) | sild (m/f) | ['sil] |
|---|---|---|
| atlantische zalm (de) | atlanterhavslaks (m) | [at'lɑntərhɑfs‚lɑks] |
| makreel (de) | makrell (m) | [ma'krɛl] |
| platvis (de) | rødspette (m/f) | ['rø‚spɛtə] |

| snoekbaars (de) | gjørs (m) | ['jø:ʂ] |
|---|---|---|
| kabeljauw (de) | torsk (m) | ['tɔʂk] |
| tonijn (de) | tunfisk (m) | ['tʉn‚fisk] |
| forel (de) | ørret (m) | ['øret] |

| paling (de) | ål (m) | ['ɔl] |
|---|---|---|
| sidderrog (de) | elektrisk rokke (m/f) | [ɛ'lektrisk ‚rɔkə] |
| murene (de) | murene (m) | [mʉ'rɛnə] |
| piranha (de) | piraja (m) | [pi'rɑja] |

| haai (de) | hai (m) | ['hɑj] |
|---|---|---|
| dolfijn (de) | delfin (m) | [dɛl'fin] |
| walvis (de) | hval (m) | ['vɑl] |

| krab (de) | krabbe (m) | ['krɑbə] |
|---|---|---|
| kwal (de) | manet (m/f), meduse (m) | ['mɑnet], [me'dʉsə] |
| octopus (de) | blekksprut (m) | ['blek‚sprʉt] |

| zeester (de) | sjøstjerne (m/f) | ['ʂø‚stjæ:ŋə] |
|---|---|---|
| zee-egel (de) | sjøpinnsvin (n) | ['ʂø:'pin‚svin] |
| zeepaardje (het) | sjøhest (m) | ['ʂø‚hɛst] |

| oester (de) | østers (m) | ['østəʂ] |
|---|---|---|
| garnaal (de) | reke (m/f) | ['rekə] |
| kreeft (de) | hummer (m) | ['hʉmər] |
| langoest (de) | langust (m) | [lɑŋ'gʉst] |

## 140. Amfibieën. Reptielen

| slang (de) | slange (m) | ['ʂlɑŋə] |
|---|---|---|
| giftig (slang) | giftig | ['jifti] |

| adder (de) | hoggorm, huggorm (m) | ['hʉg‚ɔrm], ['hʉg‚ɔrm] |
|---|---|---|
| cobra (de) | kobra (m) | ['kʉbra] |
| python (de) | pyton (m) | ['pytɔn] |
| boa (de) | boaslange (m) | ['bɔɑ‚slɑŋə] |
| ringslang (de) | snok (m) | ['snʉk] |

| ratelslang (de) | klapperslange (m) | ['klɑpə‚slɑŋə] |
| anaconda (de) | anakonda (m) | [ɑnɑ'kɔndɑ] |

| hagedis (de) | øgle (m/f) | ['øglə] |
| leguaan (de) | iguan (m) | [igʉ'ɑn] |
| varaan (de) | varan (n) | [vɑ'rɑn] |
| salamander (de) | salamander (m) | [sɑlɑ'mɑndər] |
| kameleon (de) | kameleon (m) | [kɑmələ'ʊn] |
| schorpioen (de) | skorpion (m) | [skɔrpi'ʊn] |

| schildpad (de) | skilpadde (m/f) | ['ʂil‚pɑdə] |
| kikker (de) | frosk (m) | ['frɔsk] |
| pad (de) | padde (m/f) | ['pɑdə] |
| krokodil (de) | krokodille (m) | [krʊkə'dilə] |

## 141. Insecten

| insect (het) | insekt (n) | ['insɛkt] |
| vlinder (de) | sommerfugl (m) | ['sɔmər‚fʉl] |
| mier (de) | maur (m) | ['mɑʊr] |
| vlieg (de) | flue (m/f) | ['flʉə] |
| mug (de) | mygg (m) | ['mʏg] |
| kever (de) | bille (m) | ['bilə] |

| wesp (de) | veps (m) | ['vɛps] |
| bij (de) | bie (m/f) | ['biə] |
| hommel (de) | humle (m/f) | ['hʉmlə] |
| horzel (de) | brems (m) | ['brɛms] |

| spin (de) | edderkopp (m) | ['ɛdər‚kɔp] |
| spinnenweb (het) | edderkoppnett (n) | ['ɛdərkɔp‚nɛt] |

| libel (de) | øyenstikker (m) | ['øjən‚stikər] |
| sprinkhaan (de) | gresshoppe (m/f) | ['grɛs‚hɔpə] |
| nachtvlinder (de) | nattsvermer (m) | ['nɑt‚sværmər] |

| kakkerlak (de) | kakerlakk (m) | [kɑkə'lɑk] |
| mijt (de) | flått, midd (m) | ['flɔt], ['mid] |
| vlo (de) | loppe (f) | ['lɔpə] |
| kriebelmug (de) | knott (m) | ['knɔt] |

| treksprinkhaan (de) | vandgresshoppe (m/f) | ['vɑn 'grɛs‚hɔpə] |
| slak (de) | snegl (m) | ['snæjl] |
| krekel (de) | siriss (m) | ['si‚ris] |
| glimworm (de) | ildflue (m/f), lysbille (m) | ['il‚flʉə], ['lys‚bilə] |
| lieveheersbeestje (het) | marihøne (m/f) | ['mɑri‚hønə] |
| meikever (de) | oldenborre (f) | ['ɔldən‚bɔrə] |

| bloedzuiger (de) | igle (m/f) | ['iglə] |
| rups (de) | sommerfugllarve (m/f) | ['sɔmərfʉl‚lɑrvə] |
| aardworm (de) | meitemark (m) | ['mæjtə‚mɑrk] |
| larve (de) | larve (m/f) | ['lɑrvə] |

# Flora

## 142. Bomen

| | | |
|---|---|---|
| boom (de) | tre (n) | ['trɛ] |
| loof- (abn) | løv- | ['løv-] |
| dennen- (abn) | bar- | ['bɑr-] |
| groenblijvend (bn) | eviggrønt | ['ɛvi‚grœnt] |
| | | |
| appelboom (de) | epletre (n) | ['ɛplə‚trɛ] |
| perenboom (de) | pæretre (n) | ['pærə‚trɛ] |
| zoete kers (de) | morelltre (n) | [mʊ'rɛl‚trɛ] |
| zure kers (de) | kirsebærtre (n) | ['çişəbær‚trɛ] |
| pruimelaar (de) | plommetre (n) | ['plʊmə‚trɛ] |
| | | |
| berk (de) | bjørk (f) | ['bjœrk] |
| eik (de) | eik (f) | ['æjk] |
| linde (de) | lind (m/f) | ['lin] |
| esp (de) | osp (m/f) | ['ɔsp] |
| esdoorn (de) | lønn (m/f) | ['lœn] |
| | | |
| spar (de) | gran (m/f) | ['grɑn] |
| den (de) | furu (m/f) | ['fʉrʉ] |
| lariks (de) | lerk (m) | ['lærk] |
| zilverspar (de) | edelgran (m/f) | ['ɛdəl‚grɑn] |
| ceder (de) | seder (m) | ['sedər] |
| | | |
| populier (de) | poppel (m) | ['pɔpəl] |
| lijsterbes (de) | rogn (m/f) | ['rɔŋn] |
| wilg (de) | pil (m/f) | ['pil] |
| els (de) | or, older (m/f) | ['ʊr], ['ɔldər] |
| beuk (de) | bøk (m) | ['bøk] |
| iep (de) | alm (m) | ['ɑlm] |
| es (de) | ask (m/f) | ['ɑsk] |
| kastanje (de) | kastanjetre (n) | [kɑ'stɑnjə‚trɛ] |
| | | |
| magnolia (de) | magnolia (m) | [mɑŋ'nʊlia] |
| palm (de) | palme (m) | ['pɑlmə] |
| cipres (de) | sypress (m) | [sʏ'prɛs] |
| mangrove (de) | mangrove (m) | [mɑŋ'grʊvə] |
| baobab (apenbroodboom) | apebrødtre (n) | ['ɑpebrø‚trɛ] |
| eucalyptus (de) | eukalyptus (m) | [ɛvkɑ'lyptʉs] |
| mammoetboom (de) | sequoia (m) | ['sek‚vɔja] |

## 143. Heesters

| | | |
|---|---|---|
| struik (de) | busk (m) | ['bʉsk] |
| heester (de) | busk (m) | ['bʉsk] |

| wijnstok (de) | vinranke (m) | ['vin͵rankə] |
| wijngaard (de) | vinmark (m/f) | ['vin͵mɑrk] |

| frambozenstruik (de) | bringebærbusk (m) | ['briŋə͵bær bʉsk] |
| zwarte bes (de) | solbærbusk (m) | ['sʉlbær͵bʉsk] |
| rode bessenstruik (de) | ripsbusk (m) | ['rips͵bʉsk] |
| kruisbessenstruik (de) | stikkelsbærbusk (m) | ['stikəlsbær͵bʉsk] |

| acacia (de) | akasie (m) | [a'kɑsiə] |
| zuurbes (de) | berberis (m) | ['bærberis] |
| jasmijn (de) | sjasmin (m) | [ʂɑs'min] |

| jeneverbes (de) | einer (m) | ['æjnər] |
| rozenstruik (de) | rosenbusk (m) | ['rʉsən͵bʉsk] |
| hondsroos (de) | steinnype (m/f) | ['stæjn͵nypə] |

## 144. Vruchten. Bessen

| vrucht (de) | frukt (m/f) | ['frʉkt] |
| vruchten (mv.) | frukter (m/f pl) | ['frʉktər] |
| appel (de) | eple (n) | ['ɛplə] |
| peer (de) | pære (m/f) | ['pærə] |
| pruim (de) | plomme (m/f) | ['plʉmə] |

| aardbei (de) | jordbær (n) | ['juːr͵bær] |
| zure kers (de) | kirsebær (n) | ['çiʂə͵bær] |
| zoete kers (de) | morell (m) | [mʉ'rɛl] |
| druif (de) | drue (m) | ['drʉə] |

| framboos (de) | bringebær (n) | ['briŋə͵bær] |
| zwarte bes (de) | solbær (n) | ['sʉl͵bær] |
| rode bes (de) | rips (m) | ['rips] |
| kruisbes (de) | stikkelsbær (n) | ['stikəls͵bær] |
| veenbes (de) | tranebær (n) | ['trɑnə͵bær] |

| sinaasappel (de) | appelsin (m) | [ɑpel'sin] |
| mandarijn (de) | mandarin (m) | [mɑndɑ'rin] |
| ananas (de) | ananas (m) | ['ɑnɑnɑs] |

| banaan (de) | banan (m) | [bɑ'nɑn] |
| dadel (de) | daddel (m) | ['dɑdəl] |

| citroen (de) | sitron (m) | [si'trʉn] |
| abrikoos (de) | aprikos (m) | [ɑpri'kʉs] |
| perzik (de) | fersken (m) | ['fæʂkən] |

| kiwi (de) | kiwi (m) | ['kivi] |
| grapefruit (de) | grapefrukt (m/f) | ['grɛjp͵frʉkt] |

| bes (de) | bær (n) | ['bær] |
| bessen (mv.) | bær (n pl) | ['bær] |
| vossenbes (de) | tyttebær (n) | ['tʏtə͵bær] |
| bosaardbei (de) | markjordbær (n) | ['mɑrk juːr͵bær] |
| bosbes (de) | blåbær (n) | ['blɔ͵bær] |

## 145. Bloemen. Planten

| | | |
|---|---|---|
| bloem (de) | blomst (m) | ['blɔmst] |
| boeket (het) | bukett (m) | [bʉ'kɛt] |

| | | |
|---|---|---|
| roos (de) | rose (m/f) | ['rʊsə] |
| tulp (de) | tulipan (m) | [tʉli'pɑn] |
| anjer (de) | nellik (m) | ['nɛlik] |
| gladiool (de) | gladiolus (m) | [glɑdi'ɔlʉs] |

| | | |
|---|---|---|
| korenbloem (de) | kornblomst (m) | ['kʊːn̩ˌblɔmst] |
| klokje (het) | blåklokke (m/f) | ['blɔˌklɔkə] |
| paardenbloem (de) | løvetann (m/f) | ['løvəˌtɑn] |
| kamille (de) | kamille (m) | [kɑ'milə] |

| | | |
|---|---|---|
| aloë (de) | aloe (m) | ['alʊə] |
| cactus (de) | kaktus (m) | ['kɑktʉs] |
| ficus (de) | gummiplante (m/f) | ['gʉmiˌplɑntə] |

| | | |
|---|---|---|
| lelie (de) | lilje (m) | ['liljə] |
| geranium (de) | geranium (m) | [ge'rɑnium] |
| hyacint (de) | hyasint (m) | [hia'sint] |

| | | |
|---|---|---|
| mimosa (de) | mimose (m/f) | [mi'mɔsə] |
| narcis (de) | narsiss (m) | [nɑ'ʂis] |
| Oostindische kers (de) | blomkarse (m) | ['blɔmˌkɑʂə] |

| | | |
|---|---|---|
| orchidee (de) | orkidé (m) | [ɔrki'de] |
| pioenroos (de) | peon, pion (m) | [pe'ʊn], [pi'ʊn] |
| viooltje (het) | fiol (m) | [fi'ʊl] |

| | | |
|---|---|---|
| driekleurig viooltje (het) | stemorsblomst (m) | ['stemʊʂˌblɔmst] |
| vergeet-mij-nietje (het) | forglemmegei (m) | [fɔr'glemərjæj] |
| madeliefje (het) | tusenfryd (m) | ['tʉsənˌfryd] |

| | | |
|---|---|---|
| papaver (de) | valmue (m) | ['vɑlmʉə] |
| hennep (de) | hamp (m) | ['hɑmp] |
| munt (de) | mynte (m/f) | ['mʏntə] |

| | | |
|---|---|---|
| lelietje-van-dalen (het) | liljekonvall (m) | ['liljə kɔn'vɑl] |
| sneeuwklokje (het) | snøklokke (m/f) | ['snøˌklɔkə] |

| | | |
|---|---|---|
| brandnetel (de) | nesle (m/f) | ['nɛslə] |
| veldzuring (de) | syre (m/f) | ['syrə] |
| waterlelie (de) | nøkkerose (m/f) | ['nøkəˌrʊse] |
| varen (de) | bregne (m/f) | ['brɛjnə] |
| korstmos (het) | lav (m/n) | ['lɑv] |

| | | |
|---|---|---|
| oranjerie (de) | drivhus (n) | ['drivˌhʉs] |
| gazon (het) | gressplen (m) | ['grɛsˌplen] |
| bloemperk (het) | blomsterbed (n) | ['blɔmstərˌbed] |

| | | |
|---|---|---|
| plant (de) | plante (m/f), vekst (m) | ['plɑntə], ['vɛkst] |
| gras (het) | gras (n) | ['grɑs] |
| grasspriet (de) | grasstrå (n) | ['grɑsˌstrɔ] |

| | | |
|---|---|---|
| blad (het) | blad (n) | ['blɑ] |
| bloemblad (het) | kronblad (n) | ['krɔnˌblɑ] |
| stengel (de) | stilk (m) | ['stilk] |
| knol (de) | rotknoll (m) | ['rʊtˌknɔl] |

| | | |
|---|---|---|
| scheut (de) | spire (m/f) | ['spirə] |
| doorn (de) | torn (m) | ['tʊ:ɳ] |

| | | |
|---|---|---|
| bloeien (ww) | å blomstre | [ɔ 'blɔmstrə] |
| verwelken (ww) | å visne | [ɔ 'visnə] |
| geur (de) | lukt (m/f) | ['lʉkt] |
| snijden (bijv. bloemen ~) | å skjære av | [ɔ 'ʂæ:rə ɑ:] |
| plukken (bloemen ~) | å plukke | [ɔ 'plʉkə] |

## 146. Granen, graankorrels

| | | |
|---|---|---|
| graan (het) | korn (n) | ['kʊ:ɳ] |
| graangewassen (mv.) | cerealer (n pl) | [sere'ɑlər] |
| aar (de) | aks (n) | ['ɑks] |

| | | |
|---|---|---|
| tarwe (de) | hvete (m) | ['vetə] |
| rogge (de) | rug (m) | ['rʉg] |
| haver (de) | havre (m) | ['hɑvrə] |
| gierst (de) | hirse (m) | ['hiʂə] |
| gerst (de) | bygg (m/n) | ['byg] |

| | | |
|---|---|---|
| maïs (de) | mais (m) | ['mɑis] |
| rijst (de) | ris (m) | ['ris] |
| boekweit (de) | bokhvete (m) | ['bʊkˌvetə] |

| | | |
|---|---|---|
| erwt (de) | ert (m/f) | ['æ:t] |
| boon (de) | bønne (m/f) | ['bœnə] |
| soja (de) | soya (m) | ['sɔja] |
| linze (de) | linse (m/f) | ['linsə] |
| bonen (mv.) | bønner (m/f pl) | ['bœnər] |

# LANDEN. NATIONALITEITEN

## 147. West-Europa

| | | |
|---|---|---|
| Europa (het) | Europa | [ɛʉ'rʊpɑ] |
| Europese Unie (de) | Den Europeiske Union | [den ɛʉrʊ'pɛiskə ʉni'ɔn] |
| | | |
| Oostenrijk (het) | Østerrike | ['østəˌrikə] |
| Groot-Brittannië (het) | Storbritannia | ['stʊr briˌtɑniɑ] |
| Engeland (het) | England | ['ɛŋlɑn] |
| België (het) | Belgia | ['bɛlgiɑ] |
| Duitsland (het) | Tyskland | ['tʏsklɑn] |
| | | |
| Nederland (het) | Nederland | ['nedəˌlɑn] |
| Holland (het) | Holland | ['hɔlɑn] |
| Griekenland (het) | Hellas | ['hɛlɑs] |
| Denemarken (het) | Danmark | ['dɑnmɑrk] |
| Ierland (het) | Irland | ['irlɑn] |
| IJsland (het) | Island | ['islɑn] |
| | | |
| Spanje (het) | Spania | ['spɑniɑ] |
| Italië (het) | Italia | [i'tɑliɑ] |
| Cyprus (het) | Kypros | ['kʏprʊs] |
| Malta (het) | Malta | ['mɑltɑ] |
| | | |
| Noorwegen (het) | Norge | ['nɔrgə] |
| Portugal (het) | Portugal | [pɔːˌtʉ'gɑl] |
| Finland (het) | Finland | ['finlɑn] |
| Frankrijk (het) | Frankrike | ['frɑnkrikə] |
| | | |
| Zweden (het) | Sverige | ['sværiə] |
| Zwitserland (het) | Sveits | ['svæjts] |
| Schotland (het) | Skottland | ['skɔtlɑn] |
| | | |
| Vaticaanstad (de) | Vatikanet | ['vɑtiˌkɑne] |
| Liechtenstein (het) | Liechtenstein | ['lihtɛnˌʂtæjn] |
| Luxemburg (het) | Luxembourg | ['lʉksɛmˌbʉrg] |
| Monaco (het) | Monaco | [mʊ'nɑkʊ] |

## 148. Centraal- en Oost-Europa

| | | |
|---|---|---|
| Albanië (het) | Albania | [ɑl'bɑniɑ] |
| Bulgarije (het) | Bulgaria | [bʉl'gɑriɑ] |
| Hongarije (het) | Ungarn | ['ʉŋɑːɳ] |
| Letland (het) | Latvia | ['lɑtviɑ] |
| | | |
| Litouwen (het) | Litauen | ['liˌtɑʉən] |
| Polen (het) | Polen | ['pʊlen] |

| Roemenië (het) | Romania | [rʊ'mania] |
| Servië (het) | Serbia | ['særbia] |
| Slowakije (het) | Slovakia | [ʂlʊ'vakia] |

| Kroatië (het) | Kroatia | [krʊ'atia] |
| Tsjechië (het) | Tsjekkia | ['tʂɛkija] |
| Estland (het) | Estland | ['ɛstlan] |

| Bosnië en Herzegovina (het) | Bosnia-Hercegovina | ['bɔsnia hersegɔ,vina] |
| Macedonië (het) | Makedonia | [make'dɔnia] |
| Slovenië (het) | Slovenia | [ʂlʊ'venia] |
| Montenegro (het) | Montenegro | ['mɔntə,nɛgrʊ] |

## 149. Voormalige USSR landen

| Azerbeidzjan (het) | Aserbajdsjan | [aserbajd'ʂan] |
| Armenië (het) | Armenia | [ar'menia] |

| Wit-Rusland (het) | Hviterussland | ['vitə,rʉslan] |
| Georgië (het) | Georgia | [ge'ɔrgia] |
| Kazakstan (het) | Kasakhstan | [ka'sak,stan] |
| Kirgizië (het) | Kirgisistan | [kir'gisi,stan] |
| Moldavië (het) | Moldova | [mɔl'dɔva] |

| Rusland (het) | Russland | ['rʉslan] |
| Oekraïne (het) | Ukraina | [ʉkra'ina] |

| Tadzjikistan (het) | Tadsjikistan | [ta'dʂiki,stan] |
| Turkmenistan (het) | Turkmenistan | [tʉrk'meni,stan] |
| Oezbekistan (het) | Usbekistan | [ʉs'beki,stan] |

## 150. Azië

| Azië (het) | Asia | ['asia] |
| Vietnam (het) | Vietnam | ['vjɛtnam] |
| India (het) | India | ['india] |
| Israël (het) | Israel | ['israəl] |

| China (het) | Kina | ['çina] |
| Libanon (het) | Libanon | ['libanɔn] |
| Mongolië (het) | Mongolia | [mʊŋ'gulia] |

| Maleisië (het) | Malaysia | [ma'lajsia] |
| Pakistan (het) | Pakistan | ['paki,stan] |

| Saoedi-Arabië (het) | Saudi-Arabia | ['saʊdi a'rabia] |
| Thailand (het) | Thailand | ['tajlan] |
| Taiwan (het) | Taiwan | ['taj,van] |
| Turkije (het) | Tyrkia | [tyrkia] |
| Japan (het) | Japan | ['japan] |
| Afghanistan (het) | Afghanistan | [af'gani,stan] |
| Bangladesh (het) | Bangladesh | [bangla'dɛʂ] |

| Indonesië (het) | Indonesia | [indu'nesia] |
| Jordanië (het) | Jordan | ['jɔrdan] |

| Irak (het) | Irak | ['irak] |
| Iran (het) | Iran | ['iran] |
| Cambodja (het) | Kambodsja | [kam'bodşa] |
| Koeweit (het) | Kuwait | ['kʉvajt] |

| Laos (het) | Laos | ['laɔs] |
| Myanmar (het) | Myanmar | ['mjænma] |
| Nepal (het) | Nepal | ['nepal] |
| Verenigde Arabische | Forente Arabiske | [fɔ'rentə a'rabiskə |
| Emiraten | Emiratene | ɛmi'ratenə] |

| Syrië (het) | Syria | ['syria] |
| Palestijnse autonomie (de) | Palestina | [pale'stina] |

| Zuid-Korea (het) | Sør-Korea | ['sør kʉ,rea] |
| Noord-Korea (het) | Nord-Korea | ['nuːr kʉ'rɛa] |

## 151. Noord-Amerika

| Verenigde Staten van Amerika | Amerikas Forente Stater | [a'merikas fɔ'rɛntə 'statər] |
| Canada (het) | Canada | ['kanada] |
| Mexico (het) | Mexico | ['mɛksikʉ] |

## 152. Midden- en Zuid-Amerika

| Argentinië (het) | Argentina | [argɛn'tina] |
| Brazilië (het) | Brasilia | [bra'silia] |
| Colombia (het) | Colombia | [kɔ'lʉmbia] |

| Cuba (het) | Cuba | ['kʉba] |
| Chili (het) | Chile | ['tşilə] |

| Bolivia (het) | Bolivia | [bo'livia] |
| Venezuela (het) | Venezuela | [venesʉ'ɛla] |

| Paraguay (het) | Paraguay | [parag'waj] |
| Peru (het) | Peru | [pe'ruː] |

| Suriname (het) | Surinam | ['sʉri,nam] |
| Uruguay (het) | Uruguay | [ʉrygʉ'aj] |
| Ecuador (het) | Ecuador | [ɛkʉa'dɔr] |

| Bahama's (mv.) | Bahamas | [ba'hamas] |
| Haïti (het) | Haiti | [ha'iti] |

| Dominicaanse Republiek (de) | Dominikanske Republikken | [dumini'kanskə repʉ'blikən] |
| Panama (het) | Panama | ['panama] |
| Jamaica (het) | Jamaica | [şa'majka] |

## 153. Afrika

| | | |
|---|---|---|
| Egypte (het) | Egypt | [ɛ'gypt] |
| Marokko (het) | Marokko | [ma'rɔkʉ] |
| Tunesië (het) | Tunisia | ['tʉ'nisia] |
| | | |
| Ghana (het) | Ghana | ['gana] |
| Zanzibar (het) | Zanzibar | ['sansibar] |
| Kenia (het) | Kenya | ['kenya] |
| Libië (het) | Libya | ['libia] |
| Madagaskar (het) | Madagaskar | [mada'gaskar] |
| | | |
| Namibië (het) | Namibia | [na'mibia] |
| Senegal (het) | Senegal | [sene'gal] |
| Tanzania (het) | Tanzania | ['tansa,nia] |
| Zuid-Afrika (het) | Republikken Sør-Afrika | [repʉ'bliken 'sør,afrika] |

## 154. Australië. Oceanië

| | | |
|---|---|---|
| Australië (het) | Australia | [aʉ'stralia] |
| Nieuw-Zeeland (het) | New Zealand | [njʉ'selan] |
| | | |
| Tasmanië (het) | Tasmania | [tas'mania] |
| Frans-Polynesië | Fransk Polynesia | ['fransk pɔly'nesia] |

## 155. Steden

| | | |
|---|---|---|
| Amsterdam | Amsterdam | ['amstɛr,dam] |
| Ankara | Ankara | ['ankara] |
| Athene | Athen, Aten | [a'ten] |
| Bagdad | Bagdad | ['bagdad] |
| Bangkok | Bangkok | ['bankɔk] |
| | | |
| Barcelona | Barcelona | [barse'luna] |
| Beiroet | Beirut | ['bæj,rʉt] |
| Berlijn | Berlin | [bɛr'lin] |
| Boedapest | Budapest | ['bʉdapɛst] |
| Boekarest | Bukarest | ['bʉka'rɛst] |
| | | |
| Bombay, Mumbai | Bombay | ['bɔmbɛj] |
| Bonn | Bonn | ['bɔn] |
| Bordeaux | Bordeaux | [bor'dɔː] |
| Bratislava | Bratislava | [brati'slava] |
| Brussel | Brussel | ['brʉsɛl] |
| | | |
| Caïro | Kairo | ['kajrʉ] |
| Calcutta | Calcutta | [kal'kʉta] |
| Chicago | Chicago | [ʂi'kagʉ] |
| Dar Es Salaam | Dar-es-Salaam | ['daresa,lam] |
| Delhi | Delhi | ['dɛli] |
| Den Haag | Haag | ['hag] |

| | | |
|---|---|---|
| Dubai | **Dubai** | ['dʉbɑj] |
| Dublin | **Dublin** | ['døblin] |
| Düsseldorf | **Düsseldorf** | ['dʉsəlˌdɔrf] |
| Florence | **Firenze** | [fi'rɛnsə] |
| | | |
| Frankfort | **Frankfurt** | ['frɑnkfʉːt] |
| Genève | **Genève** | [şe'nɛv] |
| Hamburg | **Hamburg** | ['hɑmbʉrg] |
| Hanoi | **Hanoi** | ['hɑnɔj] |
| Havana | **Havana** | [hɑ'vɑnɑ] |
| | | |
| Helsinki | **Helsinki** | ['hɛlsinki] |
| Hiroshima | **Hiroshima** | [hirʉ'şimɑ] |
| Hongkong | **Hongkong** | ['hɔnˌkɔŋ] |
| Istanbul | **Istanbul** | ['istɑnbʉl] |
| Jeruzalem | **Jerusalem** | [je'rʉsɑlem] |
| Kiev | **Kiev** | ['kiːef] |
| | | |
| Kopenhagen | **København** | ['çøbənˌhɑvn] |
| Kuala Lumpur | **Kuala Lumpur** | [kʉ'ɑlɑ 'lʉmpʉr] |
| Lissabon | **Lisboa** | ['lisbʊɑ] |
| Londen | **London** | ['lɔndɔn] |
| Los Angeles | **Los Angeles** | [ˌlɔs'ændʒeləs] |
| | | |
| Lyon | **Lyon** | [li'ɔn] |
| Madrid | **Madrid** | [mɑ'drid] |
| Marseille | **Marseille** | [mɑr'sɛj] |
| Mexico-Stad | **Mexico City** | ['mɛksikʊ 'siti] |
| Miami | **Miami** | [mɑ'jami] |
| | | |
| Montreal | **Montreal** | [mɔntri'ɔl] |
| Moskou | **Moskva** | [mɔ'skvɑ] |
| München | **München** | ['mʉnhən] |
| Nairobi | **Nairobi** | [nɑj'rʊbi] |
| Napels | **Napoli** | ['nɑpʊli] |
| | | |
| New York | **New York** | [njʉ 'jork] |
| Nice | **Nice** | ['nis] |
| Oslo | **Oslo** | ['ɔşlʊ] |
| Ottawa | **Ottawa** | ['ɔtɑvɑ] |
| Parijs | **Paris** | [pɑ'ris] |
| | | |
| Peking | **Peking, Beijing** | ['pekiŋ], ['bɛjʒin] |
| Praag | **Praha** | ['prɑhɑ] |
| Rio de Janeiro | **Rio de Janeiro** | ['riu de şɑ'næjrʊ] |
| Rome | **Roma** | ['rʊmɑ] |
| Seoel | **Seoul** | [se'uːl] |
| Singapore | **Singapore** | ['siŋɑ'pɔr] |
| | | |
| Sint-Petersburg | **Sankt Petersburg** | [ˌsɑnkt 'petɛşˌbʉrg] |
| Sjanghai | **Shanghai** | ['şɑŋhɑj] |
| Stockholm | **Stockholm** | ['stɔkholm] |
| Sydney | **Sydney** | ['sidni] |
| Taipei | **Taipei** | ['tɑjpæj] |
| Tokio | **Tokyo** | ['tɔkiʊ] |
| Toronto | **Toronto** | [tɔ'rɔntʊ] |

| Venetië | **Venezia** | [ve'netsia] |
| Warschau | **Warszawa** | [va'şava] |
| Washington | **Washington** | ['vɔşiŋtən] |
| Wenen | **Wien** | ['vin] |

www.ingramcontent.com/pod-product-compliance
Lightning Source LLC
Chambersburg PA
CBHW070553050426
42450CB00011B/2843